Uma longa jornada para casa

SAROO BRIERLEY

com Larry Buttrose

Uma longa jornada para casa

Tradução de
Evandro Ferreira e Silva

2ª edição

EDITORA RECORD
RIO DE JANEIRO • SÃO PAULO
2017

CIP-BRASIL. CATALOGAÇÃO NA PUBLICAÇÃO
SINDICATO NACIONAL DOS EDITORES DE LIVROS, RJ

B861L
2ªed.
Brierley, Saroo, 1981-
Uma longa jornada para casa / Saroo Brierley; tradução de Evandro Ferreira. –2ª ed. – Rio de Janeiro: Record, 2017.

Tradução de: A Long Way Home
ISBN 978-85-01-10842-5

1. Brierley, Saroo, 1981-. 2. Escritores – Índia – Biografia. I. Ferreira, Evandro. II. Título.

16-37898

CDD: 928.21
CDU: 929:821.111(540).09

Título original:
A Long Way Home

Copyright © Saroo Brierley, 2013
Publicado originalmente em inglês por Penguin Australia, 2013
Publicado mediante acordo com Penguin Random House Australia por meio de Seibel Publishing Services Ltd.

Texto revisado segundo o novo Acordo Ortográfico da Língua Portuguesa.

Imagens de capa:
Menino correndo: WIN-Initiative/Getty Images
Trilho de trem: Martin Barraud/Getty Images

Todos os direitos reservados. Proibida a reprodução, no todo ou em parte, através de quaisquer meios. Os direitos morais do autor foram assegurados.

Editoração eletrônica: Abreu's System

Direitos exclusivos de publicação em língua portuguesa somente para o Brasil
adquiridos pela
EDITORA RECORD LTDA.
Rua Argentina, 171 – Rio de Janeiro, RJ – 20921-380 – Tel.: (21) 2585-2000,
que se reserva a propriedade literária desta tradução.

Impresso no Brasil

ISBN 978-85-01-10842-5

Seja um leitor preferencial Record.
Cadastre-se no site www.record.com.br e receba informações sobre nossos lançamentos e nossas promoções.

Atendimento e venda direta ao leitor
mdireto@record.com.br ou (21) 2585-2002.

Para Guddu.

SUMÁRIO

Prólogo — 9

1. Lembranças — 13
2. Perdido — 21
3. Sobrevivência — 46
4. Salvação — 60
5. Vida nova — 78
6. A longa jornada de mamãe — 91
7. Minha criação — 102
8. A busca — 117
9. A descoberta — 129
10. O encontro com minha mãe — 146
11. A reintegração — 165
12. Elos — 178
13. Retorno — 190

Epílogo — 217

Mapa: Minha jornada pela Índia — 222
Agradecimentos — 223

PRÓLOGO

Eles se foram.

Penso neste dia há vinte e cinco anos. Cresci do outro lado do mundo, com um nome e uma família diferentes. Sempre me perguntei se algum dia voltaria a ver minha mãe, meus irmãos e minha irmã. E agora aqui estou eu, parado diante de uma porta perto da esquina de um prédio decadente num bairro pobre de uma cidade pequena e poeirenta da Índia central — o lugar onde cresci — e não mora mais ninguém aqui. O apartamento está vazio.

Da última vez em que estive aqui assim, eu tinha 5 anos.

A porta, com dobradiças quebradas, é muito menor do que parecia nas minhas lembranças de infância — hoje, eu precisaria me curvar para atravessá-la. Não há por que bater. Pela janela, e também por algumas fendas na parede de tijolos caindo aos pedaços que me é tão familiar, consigo ver o pequenino cômodo que minha família dividia. O teto é pouco mais alto que eu.

Este era meu maior medo, um temor tão paralisante que acabei por suprimi-lo da minha mente quase por completo: o medo de que, quando por fim encontrasse minha casa, depois de anos de procura, minha família não estivesse mais nela.

Estou perdido, sem saber o que fazer, e não é a primeira vez na vida que me sinto assim. Desta vez, tenho 30 anos, dinheiro no bolso e uma passagem de volta, mas me sinto exatamente como me senti na plataforma daquela estação de trem há tantos anos — tenho dificuldade de respirar e minha cabeça está a mil. Queria poder mudar o passado.

Então a porta do vizinho se abre. Do apartamento ao lado, que está em melhores condições que o meu, sai uma jovem de roupão vermelho com um bebê no colo. Está curiosa, o que é compreensível. Pareço indiano, mas minhas roupas ocidentais provavelmente são um pouco novas demais e meu cabelo está muito bem cortado — obviamente, sou um forasteiro, um estrangeiro. Para piorar, não sei falar sua língua, de modo que, quando ela me dirige a palavra, a única coisa que posso fazer é supor que esteja me perguntando o que faço aqui. Não falo quase nada de hindi, e o pouco que falo não sei pronunciar direito. "Não falo hindi, falo inglês", aviso a ela, e fico surpreso quando ela me responde: "Eu falo inglês, um pouco." Então aponto para o apartamento abandonado e pronuncio o nome das pessoas que moravam ali: "Kamla, Guddu, Kallu, Shekila." Depois, aponto para mim mesmo e digo: "Saroo."

Desta vez, a mulher permanece em silêncio. Então me lembro de uma coisa que mamãe me deu, lá na Austrália, justamente para essa situação. Vasculho a mochila e tiro de dentro dela uma folha de papel A4 com fotografias coloridas de mim mesmo quando era criança. Mais uma vez, aponto para mim. Depois digo "pequeno" e aponto para o menino na foto. "Saroo."

Tento me recordar de quem eram os vizinhos quando eu morava aqui. Será que havia uma menininha que pudesse ser essa moça agora?

Ela olha para a folha e, depois, para mim. Não sei ao certo se entendeu, mas desta vez ela fala, num inglês hesitante:

"Pessoas... não mora aqui... hoje."

Embora ela esteja apenas confirmando o que eu já sei, ouvi-la dizê-lo em voz alta é um choque para mim. Sinto a cabeça girar. Permaneço ali de pé diante dela, incapaz de me mover.

Sempre soube que, ainda que conseguisse encontrar este lugar de novo, ainda havia a possibilidade de a minha família ter se mudado. Mesmo durante o pouco tempo em que vivemos juntos, mudamo-nos de outro lugar para cá — com frequência pessoas pobres não têm muito poder de decisão sobre o lugar onde moram, e minha mãe geralmente tinha de aceitar qualquer trabalho que conseguisse arranjar.

Estes pensamentos começam a aflorar de dentro da caixa onde os escondi. A outra possibilidade — de que minha mãe esteja morta — eu empurro de volta lá para dentro.

Um sujeito que nos viu conversando se aproxima, e recomeço meu mantra. Recito novamente os nomes da minha mãe, Kamla, dos meus irmãos, Guddu e Kallu, da minha irmã, Shekila, e o meu, Saroo. Ele está prestes a dizer alguma coisa, quando outro homem se apresenta e oferece ajuda. "Pois não? Em que posso ajudar?", diz ele, em um bom inglês.

É a primeira pessoa com quem consigo conversar devidamente desde que cheguei à Índia. Portanto, toda a minha história sai meio desordenada: eu morava aqui quando era pequeno; um dia saí com meu irmão e me perdi; cresci em outro país; nem me lembrava do nome deste lugar, mas agora consegui chegar até aqui, a Ganesh Talai, para tentar encontrar minha mãe, meus irmãos e minha irmã. Kamla, Guddu, Kallu, Shekila.

O homem parece surpreso com a história, e recito o nome dos meus familiares outra vez.

Depois de um momento, ele diz: "Por favor, espere aqui. Volto daqui a alguns minutos."

Uma enxurrada de possibilidades me passa pela cabeça — o que ele terá ido buscar? Alguém que possa saber o que aconteceu com eles? Um endereço, talvez? Mas será que ele entendeu quem eu sou? Não tenho de esperar muito até o homem voltar. E então ele me diz as palavras que jamais vou esquecer: "Venha comigo. Vou levá-lo até sua mãe."

1

LEMBRANÇAS

Quando eu era criança em Hobart, tinha um mapa da Índia na parede do meu quarto. Minha mãe — minha mãe adotiva, "mamãe" — o tinha posto lá para que eu me sentisse um pouco mais em casa quando cheguei à Austrália, aos 6 anos, em 1987. Ela teve de me ensinar o que o mapa representava, pois eu não tinha instrução nenhuma e provavelmente nem sabia o que era um mapa, muito menos qual era o formato da Índia.

Mamãe havia decorado a casa com objetos indianos — algumas estátuas hindus, enfeites e sinos de latão e um monte de estatuetas de elefante. Na época eu não sabia que não era normal encontrar esses objetos nas casas australianas. Ela também tinha colocado peças de tecido estampado indiano no meu quarto, por sobre a cômoda, e até uma marionete entalhada em madeira com roupas em cores vivas. Todas essas coisas me eram meio familiares, ainda que não tivesse visto nada exatamente igual a elas antes. Outra pessoa que porventura me adotasse poderia muito bem ter considerado que eu era novo o bastante para recomeçar a vida na Austrália do zero e que poderia ser criado sem muita ligação com meu país de origem. A cor da minha pele, entretanto, sempre me lembraria da minha origem. Além disso, ela e meu pai escolheram adotar uma criança indiana de propósito.

Durante toda a minha infância, as centenas de nomes de lugares que ocupavam aquele mapa pairavam diante dos meus olhos. Muito antes de conseguir lê-los, eu já sabia que o imenso v do subcontinente indiano era um lugar que fervilhava de cidades e vilarejos, desertos e montanhas, rios e florestas — o Ganges, o Himalaia, tigres, deuses! — e isso me fascinava. Eu costumava encarar o mapa, concentrado, pensando que, em algum ponto no meio de todos aqueles nomes, estava o lugar de onde eu tinha vindo, o local do meu nascimento. Sabia que se chamava "Ginestlay", mas, se se tratava de uma metrópole, de uma pequena cidade, de um vilarejo ou até de uma rua — e por onde deveria começar se quisesse procurá-la naquele mapa —, eu não fazia a menor ideia.

Também não sabia direito quantos anos eu tinha. Embora os documentos oficiais dissessem que havia nascido em 22 de maio de 1981, o ano tinha sido uma estimativa das autoridades indianas, e a data era a do dia em que eu havia chegado ao orfanato que me ofereceu para adoção. Além de ser um garoto sem nenhuma instrução, eu estava tão desorientado que não consegui dar muitas explicações sobre quem era ou de onde tinha vindo.

No início, meus pais adotivos não sabiam como eu havia me perdido. Tudo o que eles sabiam — assim como todas as outras pessoas — era que eu tinha sido resgatado nas ruas de Calcutá, que na época ainda não tinha mudado de nome para Kolkata, e que, após várias tentativas frustradas de localizar meus pais, eu havia sido levado para o orfanato. Felizmente para todos nós, fui adotado pelos Brierleys. Assim, a primeira coisa que mamãe e papai fizeram foi apontar para Calcutá no meu mapa e me dizer que era de lá que eu vinha — porém, na verdade, a primeira vez que ouvi o nome daquela cidade foi quando eles o pronunciaram diante de mim. Somente um ano depois da minha chegada, mais ou menos, quando eu já tinha aprendido um pouco de inglês, foi que consegui explicar que eu não tinha vindo de Calcutá coisa nenhuma — eu havia chegado até lá de trem, a partir de uma estação próxima a "Ginestlay", cujo nome talvez fosse algo como "Bramapour" ou "Berampur"... eu não tinha bem certeza. Tudo o que sabia era que o lugar ficava muito longe de Calcutá e que ninguém tinha conseguido encontrá-lo para mim.

Logo que cheguei, naturalmente, a ênfase era no futuro e não no passado. Estava começando uma nova vida em um lugar muito diferente daquele onde eu havia nascido, e meus novos pais tiveram de se esforçar muito para enfrentar os desafios que surgiram. Mamãe não se preocupava muito com meu aprendizado de inglês, pois sabia que este viria naturalmente com o uso diário. Em vez de tentar me ensinar a língua às pressas, considerava muito mais importante, no início, cuidar de mim, confortar-me e ganhar minha confiança. Para isso, palavras não são necessárias. Além disso, ela conhecia um casal indiano que morava na vizinhança, Saleen e Jacob, e costumávamos visitá-los periodicamente para comer comida indiana. Eles conversavam comigo no meu próprio idioma, o hindi. Faziam-me perguntas simples e traduziam instruções e outras coisas que mamãe e papai quisessem me dizer sobre como seria nossa vida juntos. Como meu vocabulário era muito básico, eu também não falava hindi direito, mas ser compreendido por alguém foi de grande ajuda para que eu me sentisse mais confortável naquele novo ambiente. Se meus pais não conseguissem me comunicar alguma coisa por meio de gestos e sorrisos, sabíamos que Saleen e Jacob poderiam nos ajudar, de modo que nunca ficávamos em apuros.

Como toda criança, aprendi a nova língua bem rápido. No início, porém, eu falava muito pouco do meu passado na Índia. Meus pais não queriam me forçar a falar do assunto antes que eu estivesse pronto e, aparentemente, eu não exibia muitos sinais de que pensasse nisso. Mamãe conta que, certa vez, quando eu tinha 7 anos, de repente fiquei muito angustiado e gritei: "Eu aqueci!" Mais tarde, ela descobriu que eu estava chateado por ter esquecido o caminho da escola que ficava perto de casa, na Índia, aonde eu costumava ir para observar os estudantes. No fim, decidimos que isso provavelmente não tinha mais importância. Mas no fundo, para mim, tinha. Minhas recordações eram tudo o que me restava do meu passado e, em meu íntimo, eu pensava constantemente nelas para me certificar de que não tinham sido "aquecidas".

De fato, o passado nunca me saía totalmente da cabeça. À noite, as recordações sempre voltavam, em fragmentos, e eu custava a me acalmar e dormir. De dia era melhor, de modo geral, pois as muitas atividades me distraíam, mas minha mente estava sempre ocupada. Em consequência disso e da minha determinação de não esquecer, sempre recordei com clareza minhas experiências de infância na Índia, quase como um retrato completo — minha família, meu lar e os acontecimentos traumáticos que envolveram nossa separação permaneceram vivos na minha mente, às vezes com muitos detalhes. Algumas dessas memórias eram boas, e outras, más — no entanto, era impossível reter só as boas, e eu não podia abandoná-las.

Para mim, começar uma vida nova em outro país não foi tão difícil quanto esperado, muito provavelmente porque, em comparação a tudo pelo que eu tinha passado na Índia, era bem óbvio que estava numa situação melhor na Austrália. Claro, o que eu mais queria era reencontrar minha mãe, mas, quando percebi que isso era impossível, compreendi que precisava aproveitar qualquer oportunidade de sobrevivência que cruzasse meu caminho. Mamãe e papai foram muito afetuosos, desde o início. Sempre me davam muitos abraços e faziam com que eu me sentisse seguro, protegido, amado e, acima de tudo, *desejado*. Isso significava muito para uma criança que tinha ficado perdida e que havia descoberto por experiência própria como é não ter ninguém que se importe com você. Afeiçoei-me a eles de pronto e logo passei a confiar totalmente nos Brierleys. Mesmo tendo apenas 6 anos (sempre aceitei 1981 como o ano do meu nascimento), já entendia que havia me sido concedida uma rara segunda chance. Bem rápido, eu me transformei em Saroo Brierley.

Agora que estava seguro no meu novo lar em Hobart, eu pensava que, de algum modo, deveria ser errado remoer o passado — e que fazia parte da minha nova vida mantê-lo trancado a sete chaves —, de modo que não revelava a ninguém meus pensamentos noturnos. De qualquer forma, ao menos de início, eu não sabia mesmo exprimi-los em inglês. E, até certo ponto, também não tinha consciência de quão insólita era minha história. Embora me perturbasse, eu pensava que era algo que acontecia com as outras pessoas também. Só depois de um tempo, quando comecei a me abrir com os outros lhes contando minhas experiências, foi que percebi, a partir de suas reações, que ela era incomum.

Às vezes, meus pensamentos noturnos se prolongavam pelo dia afora. Lembro-me de quando mamãe e papai me levaram para ver o filme indiano *Salaam Bombay!*. As imagens daquele menino tentando sobreviver sozinho em uma cidade caótica na esperança de reencontrar a mãe despertaram em mim memórias tão agudas e perturbadoras que comecei a chorar no escuro do cinema, enquanto meus pais, cujas intenções eram as melhores possíveis, não sabiam o motivo das minhas lágrimas.

Qualquer gênero de música triste (embora, sobretudo, música clássica) podia despertar recordações dolorosas. Ver ou ouvir bebês chorando também me afetava profundamente, porém, por algum motivo, o que mais me comovia era ver famílias cheias de filhos. Suponho que, mesmo na situação afortunada em que me encontrava, aquilo me fazia lembrar o que eu havia perdido.

Aos poucos, no entanto, comecei a falar do passado. Apenas mais ou menos um mês depois da minha chegada descrevi por alto minha família indiana para Saleen — mãe, irmã, dois irmãos — e contei a ela que havia me separado do meu irmão e me perdido. Não tinha condições de explicar muita coisa, e Saleen, delicadamente, deixava que eu conduzisse a conversa como quisesse, em vez de me pressionar. Depois, conforme meu inglês melhorava, passei a contar mais algumas coisas a mamãe e papai, como o fato de que meu pai tinha abandonado a família quando eu era bem pequeno. Na maior parte do tempo, no entanto, eu me concentrava no presente: ia à escola, fazia amigos e me apaixonava por esportes.

Então, em um fim de semana chuvoso, pouco mais de um ano após minha chegada, surpreendi mamãe — e a mim mesmo — abrindo-me sobre minha vida na Índia. Provavelmente, já me sentia mais integrado na minha nova vida e tinha mais palavras com que descrever minhas experiências. Eu me peguei lhe contando muito mais sobre minha família indiana do que jamais havia contado: que éramos tão pobres que, muitas vezes, passávamos fome e que minha mãe me mandava bater à porta das casas da vizinhança, com uma tigela nas mãos, para implorar por sobras de comida. Era uma conversa carregada de sentimento, e mamãe me abraçava forte. Ela sugeriu que, juntos, desenhássemos um mapa do lugar de onde eu vinha e, à medida que suas mãos desenhavam, eu apontava em que ponto da rua ficava minha casa, para que lado tinha de se caminhar para chegar ao rio onde todas as crianças brincavam e onde ficava a ponte por baixo da qual se passava para chegar à estação de trem. Traçamos o percurso com os dedos e depois desenhamos a planta da casa em detalhe. Marcamos o lugar onde cada membro da família dormia — até a ordem em que íamos para a cama de noite. Voltávamos ao mapa e o aperfeiçoávamos à medida que meu inglês melhorava. Na esteira do turbilhão de memórias que desenhar aquele mapa fez aflorar, logo já descrevia como foi que me perdi, enquanto mamãe me olhava, espantada, e tomava notas. Ela desenhou uma linha ondeada no mapa, apontando para Calcutá, e escreveu: "uma longa jornada".

Dois meses depois, viajamos a Melbourne para visitar alguns garotos adotados no mesmo orfanato de Calcutá que eu. Conversar em hindi com aqueles garotos me deixou entusiasmado e, inevitavelmente, fez o passado voltar com força total. Pela primeira vez, eu disse a mamãe que o lugar de onde eu vinha se chamava Ginestlay, e, quando ela me perguntou onde ficava, eu lhe disse em tom confiante uma frase um tanto ilógica: "Me leva até lá e eu mostro. Eu sei o caminho."

Pronunciar em alto e bom som aquele nome pela primeira vez desde que eu havia chegado à Austrália era como abrir uma válvula de escape. Pouco depois disso, contei uma versão dos acontecimentos ainda mais completa a uma professora da escola de quem eu gostava. Por mais de uma hora e meia, ela também fez anotações, com a mesma expressão de espanto. A julgar por quão estranha eu achava a Austrália, para mamãe e minha professora, ouvir-me falar da Índia devia ser como tentar entender coisas que aconteceram em outro planeta.

A história que contei a elas era sobre pessoas e lugares em que eu havia pensado e repensado vezes sem conta desde que tinha chegado e em que continuaria pensando com frequência à medida que cresci. Há lacunas aqui e ali, o que é natural. Às vezes, não estou certo quanto aos detalhes, como a ordem em que os eventos ocorreram ou quantos dias se passaram entre cada um deles. Além disso, muitas vezes é difícil separar o que eu pensava e sentia então, como criança, daquilo que passei a pensar e sentir ao longo dos vinte e seis anos que se seguiram. Mas, ainda que o retorno incessante ao passado em busca de pistas tenha tornado confusas algumas imagens, grande parte das minhas experiências de infância permanecem vívidas na minha memória.

Naquela ocasião, contar minha história foi um alívio para mim. Hoje, depois dos acontecimentos de dois anos atrás, que mudaram minha vida para sempre, sinto-me empolgado com a possibilidade de que, ao compartilhar minhas experiências, venha a infundir esperança em outras pessoas.

2

PERDIDO

A primeira coisa de que me lembro é dos dias em que ficava cuidando da minha irmã, Shekila, ainda bebezinha, sua carinha lambuzada sorrindo para mim lá de baixo enquanto eu brincava com ela. E me lembro das noites longas e quentes, durante os meses em que fazia calor, quando minha família e as outras pessoas com quem dividíamos a casa se reuniam no pátio enquanto alguém tocava o harmônio e os outros cantavam. Naquelas noites, eu me sentia bem e fazendo parte de uma comunidade. As mulheres traziam para fora colchões e lençóis, e ficávamos todos apertadinhos contemplando as estrelas até dormir.

Isso foi na nossa primeira casa, onde nasci, e que dividíamos com outra família indiana. Cada grupo ocupava um dos lados de uma grande sala central. As paredes eram de tijolos e o chão, de lama, esterco de vaca e palha. Era um lugar muito simples, mas não chegava a ser um *chawl*, um daqueles prédios que mais parecem um pombal, onde vivem as famílias desfavorecidas em megalópoles como Mumbai e Deli. Apesar da falta de espaço, convivíamos bem. As recordações dessa época estão entre as melhores.

Minha mãe era hinduísta e meu pai, muçulmano, um casamento pouco comum na época e que não durou muito tempo. Meu pai passava pouquíssimo tempo conosco — mais tarde, descobri que ele havia arranjado uma segunda esposa —, por isso minha mãe nos criou sozinha. Embora não tenhamos sido criados como muçulmanos, ela se mudou conosco para o lado muçulmano da cidade, onde passei a maior parte da infância. Minha mãe era muito bonita, esbelta, com cabelos longos e lustrosos — lembro-me dela como a mulher mais amável do mundo. Além da minha mãe e da minha irmã bebê, havia também meus irmãos mais velhos, Guddu e Kallu, que eu amava e respeitava.

No nosso segundo lar, vivíamos sozinhos, porém mais apertados. Nosso apartamento era um dos três que ficavam no andar térreo de um edifício de tijolos vermelhos. Tinha, portanto, o mesmo chão de lama e esterco de vaca. Assim como a casa anterior, tinha apenas um cômodo, com uma lareira em um canto e um tanque de barro no outro, onde bebíamos água e às vezes nos lavávamos. Na única prateleira existente, mantínhamos nossa roupa de cama. As paredes estavam sempre caindo aos pedaços — às vezes, eu e meus irmãos arrancávamos um tijolo e ficávamos espiando o lado de fora pelo buraco, antes de colocá-lo de volta no lugar.

Em geral, o clima na nossa cidade era quente e seco, exceto durante o período das monções, quando chovia muito. Nas grandes colinas ao longe, nascia o rio que atravessava os velhos muros da cidade. No período das monções, o rio transbordava de seu leito e inundava os campos adjacentes — costumávamos esperar até que ele recuasse quando as chuvas paravam, pois assim as águas ficavam mais calmas e podíamos tentar pegar pequenos peixes para comer. Na cidade, o período de chuvas também significava que a passagem sob a ferrovia ficava alagada e, portanto, inutilizada. A passarela era um dos nossos lugares favoritos para brincar, apesar da poeira e do cascalho que caíam em cima da gente quando o trem passava.

Nosso bairro era muito pobre. Na época em que eu corria por suas ruas irregulares e sem pavimentação, ele abrigava os inúmeros funcionários da ferrovia que moravam na cidade, e, para os cidadãos mais ricos e de origem mais nobre, o bairro era uma zona proibida que ficava para além da ferrovia. Quase nada era novo — alguns dos edifícios estavam quase desmoronando. Quem não habitava prédios comunitários morava em pequenas casas como aquela em que vivêramos antes, de um ou dois cômodos, ao longo de becos compridos e sinuosos e mobiliadas apenas com o básico — uma prateleira aqui e outra ali, uma cama baixa de madeira, talvez uma torneira instalada sobre um cano.

Além de nós, crianças, havia também muitas vacas nas ruas. Perambulavam por toda a cidade, até mesmo no centro, onde podiam dormir no meio das ruas mais movimentadas. Os porcos dormiam em família, aconchegados uns aos outros nas esquinas à noite e de dia iam embora atrás de qualquer tipo de comida. Era quase como se trabalhassem em horário comercial e então batessem o ponto e fossem para casa dormir. Não tinha como saber se pertenciam a alguém — simplesmente estavam lá. Havia cabras também, criadas pelas famílias muçulmanas, e galinhas ciscando o chão poeirento. Infelizmente, também havia muitos cães, o que me deixava com medo — alguns eram mansos, mas muitos eram imprevisíveis ou mesmo bravos. Fiquei com mais medo ainda depois que um deles me perseguiu, rosnando e latindo. Enquanto fugia, tropecei e bati a cabeça em uma telha quebrada que estava fincada no caminho. Tive sorte de não perder um olho, mas sofri um corte profundo na linha da sobrancelha, que um vizinho cobriu com um curativo. Quando enfim completei minha jornada até em casa, topei com Baba, o homem santo da vizinhança, que me aconselhou a nunca ter medo de cães, pois eles só nos mordem quando percebem que estamos com medo deles. Tentei seguir esse conselho, mas sempre ficava nervoso quando me via entre os cães na rua. Minha mãe me ensinou que eles tinham uma doença mortal e que podíamos pegá-la, mesmo que só nos dessem uma mordidinha. Até hoje não gosto de cães, e até hoje tenho aquela cicatriz.

Depois que meu pai foi embora, minha mãe teve de trabalhar para nos sustentar. Logo após o nascimento de Shekila, ela foi trabalhar como operária em canteiros de obras, carregando pedras pesadas sobre a cabeça debaixo de um sol escaldante, seis dias por semana, de manhã até o anoitecer. Por isso eu não a via muito. Não era raro ela ter de trabalhar em outras cidades, passando vários dias fora. Às vezes, só a víamos uns dois dias por semana. E, ainda assim, ela não conseguia ganhar dinheiro o bastante para sustentar todos nós. Para ajudar a fechar as contas, Guddu, por volta dos 10 anos, arranjou um emprego de lavador de pratos em um restaurante. Mesmo então, era comum passarmos fome. Vivíamos um dia de cada vez. Foram muitas as vezes que tivemos de pedir comida aos vizinhos e até mendigar dinheiro e comida nas ruas perto do mercado e da estação de trem, mas de uma forma ou de outra conseguíamos sobreviver, vivendo cada dia, sem pensar no futuro. Saíamos todos de casa no começo do dia para conseguir o que quer que fosse, dinheiro ou comida, e no fim do dia voltávamos, púnhamos sobre a mesa aquilo que tivéssemos conseguido e então dividíamos tudo. Lembro-me de que sentia fome a maior parte do tempo, mas, por incrível que pareça, não me importava muito com isso. Tornou-se parte da vida e eu aceitava isso. Éramos crianças muito magras, de barriga inchada por excesso de gases e falta de comida. Provavelmente, éramos subnutridos, mas, como isso acontecia com todas as crianças pobres da Índia, não era nada fora do comum.

Como muitas crianças da vizinhança, eu e meus irmãos nos tornamos bastante criativos para conseguir o que comer. Às vezes, bastava atirar pedras na mangueira de alguém até que alguma manga caísse. Outras vezes, porém, a aventura era maior. Um dia, quando caminhávamos de volta para casa, decidimos tomar um caminho alternativo, pelos campos, e topamos com um grande galinheiro de uns cinquenta metros de comprimento. Guardas armados tomavam conta do lugar, mas Guddu achou que era possível roubarmos alguns ovos sem correr riscos, e assim fizemos um plano. Esperaríamos escondidos até os guardas tirarem uma pausa para o chá, então eu entraria no galinheiro primeiro, pois era mais baixo e difícil de ser visto, e Guddu e Kallu me seguiriam. Guddu nos mandou segurar a barra das nossas camisas e levantá-la um pouco, transformando-as em pequenos cestos. Devíamos recolher o máximo de ovos possível o mais rápido que desse e então correr para fora do lugar e ir direto para casa.

Ficamos observando de um esconderijo até o intervalo dos guardas, quando eles foram se reunir com os trabalhadores do galpão para comer pão *roti* e beber *chai*. Não havia tempo a perder. Fui o primeiro a entrar e comecei a apanhar ovos. Guddu e Kallu vieram logo atrás e fizeram o mesmo. Mas as galinhas se agitaram com a nossa presença e começaram a cacarejar muito alto, alertando os guardas. Arremetemos de volta pelo caminho de onde tínhamos vindo, enquanto os guardas corriam na direção do galpão, a apenas vinte metros de distância de nós. "Corram!", gritou Guddu, então nos separamos e demos o fora. Éramos muito mais rápidos que os guardas e, por sorte, eles não quiseram atirar em nós. Depois de correr por alguns minutos, percebi que já os tinha deixado para trás e continuei andando até em casa.

Infelizmente, a corrida não foi muito gentil com os ovos que eu carregava. Dos nove que havia pegado, apenas dois permaneceram inteiros — o restante escorria pela frente da minha camisa. Meus irmãos voltaram para casa antes de mim, e minha mãe já fritava os ovos quando entrei. No total, tínhamos conseguido dez ovos, o bastante para alimentar todos nós. Eu estava faminto quando vi minha mãe dar a Shekila a primeira porção e não consegui me controlar: roubei um ovo frito do prato da minha irmã e corri porta afora, ignorando seu grito de protesto ensurdecedor.

Em outra ocasião, acordei cedo com muita fome e não havia nada em casa para comer. Eu me lembrei de ter visto lá perto uma plantação de tomates quase maduros, e saí decidido a pôr as mãos em alguns. Ainda era muito cedo. Por ser uma manhã fria, eu ainda estava envolto no lençol. Quando cheguei à plantação, enfiei-me por um buraco na cerca de arame farpado e logo depois já estava pegando tomates. Alguns eu comi lá mesmo, saboreando sua polpa suculenta. Mas então ouvi o som alto de um apito e vi um grupo de cinco ou seis garotos mais velhos correndo na minha direção através da plantação. Disparei de volta à cerca e, como eu era pequeno, consegui me enfiar em uma abertura que eu sabia ser pequena demais para eles. Meu precioso lençol vermelho ficou preso no arame farpado e, com os garotos quase me alcançando, não tive escolha senão deixá-lo para trás. Quando voltei para casa, minha mãe ficou feliz porque eu havia trazido tomates para comer, mas furiosa por eu ter perdido o lençol. No entanto, ela não me bateu, como faziam outros pais. Ela jamais levantou a mão para nenhum de nós.

Outra dessas aventuras envolvendo comida quase me custou a vida. Aceitei um serviço em que tinha de transportar dez melancias enormes pela rua principal para um homem que possuía uma barraca no mercado da cidade. Ele me ofereceu uma pequena quantia de dinheiro, e eu tinha a esperança de que também me desse uma fatia de melancia no fim do serviço. Mas as melancias eram muito grandes e eu ainda era pequeno. Enquanto me esforçava para carregar a primeira, não consegui prestar atenção ao trânsito intenso. Quando dei por mim, estava deitado no asfalto com a cabeça sangrando e a melancia esmagada ao meu lado, transformada em uma pasta carmesim. Tive sorte pela minha cabeça não ter tido o mesmo destino que ela, pois havia sido atropelado por uma motocicleta em alta velocidade e ido parar embaixo de suas rodas. Também machuquei a perna. O motoqueiro ficou com pena de mim e me deu uma carona até em casa, onde entrei mancando. Minha mãe ficou aterrorizada e me levou direto a um médico, que fez curativos nos meus machucados. Não sei com que dinheiro ela lhe pagou.

Conforme cresciam, meus irmãos passavam mais tempo fora de Ginestlay, procurando por novos lugares onde pudessem caçar alimento e dormindo fora de casa, em estações de trem e embaixo de pontes. Às vezes, o homem santo, Baba, tomava conta de Shekila e de mim na mesquita ou então me levava para pescar no rio com sua longa vara de bambu e uma linha. Se não estivéssemos com ele, ficávamos sob os cuidados de outras famílias vizinhas ou com Guddu no restaurante onde ele esfregava panelas e frigideiras em um tonel.

Por mais que tudo isso pareça desagradável, acho que éramos razoavelmente felizes, embora, é claro, desejássemos que as coisas fossem diferentes. Muitas vezes, assim que me levantava, eu ia até a escola e ficava observando as crianças entrarem, vestidas em seus uniformes. Olhava lá para dentro e desejava ser um aluno como elas. Mas não tínhamos dinheiro para pagar pelos meus estudos. Isso me deixava um pouco envergonhado, porque era óbvio que eu não tinha nenhuma instrução. Não sabia ler nem escrever, e não conhecia muitas palavras — falava errado e tinha dificuldade para me comunicar.

A pessoa de quem eu era mais próximo era Shekila, minha irmã bebê. Depois de certa idade, tornei-me responsável por ela. Minhas tarefas consistiam em lavá-la, alimentá-la e tomar conta dela. Shekila e eu dormíamos na mesma cama. Quando acordávamos, eu trazia para ela qualquer coisa que conseguisse encontrar para lhe dar de café da manhã. Costumávamos brincar de esconde-esconde. Shekila era muito pequena e bonita. Ela adorava ficar comigo e me seguia por toda parte. Eu a protegia e estava sempre alerta para ver se ninguém a tinha maltratado. Shekila era minha prioridade número um, tanto quanto uma criança pode ter noção desse tipo de responsabilidade. Embora Guddu fosse mais velho, Kallu desempenhava um papel parecido em relação a ele. Como Guddu havia arranjado empregos em diferentes horários para ajudar com a renda da casa, Kallu cuidava dele como se o irmão fosse um chefe de família — o irmão mais jovem garantia que o mais velho tivesse o que comer e que, se precisasse dormir fora de casa, teria um lugar seguro para passar a noite. Assim, como não tínhamos um pai por perto e nossa mãe muitas vezes estava fora por causa do trabalho, tomávamos conta uns dos outros.

Na maior parte do tempo, eu me mantinha nos limites da casa e do pátio. Passava longos dias sentado sozinho no piso de terra batida, ouvindo a conversa dos outros sem motivo nenhum e vendo a vida passar ao meu redor, enquanto Shekila dormia lá dentro. Às vezes, os vizinhos que cuidavam da gente me deixavam sair e procurar lenha para cozinhar, então eu arrastava a madeira com dificuldade e a empilhava na lateral da casa. De vez em quando, também ganhava um ou dois paisas — o suficiente para comprar um pirulito — ajudando o vendedor local a entregar tábuas de madeira. Ele me mandava empilhá-las em um cercado junto à porta da loja. Mas, na maior parte do tempo eu ficava mesmo era sentado naquele pátio, sozinho. Não tínhamos TV nem rádio. Não havia livros nem jornais, embora, é claro, eu não pudesse lê-los de qualquer forma. Era uma existência simples, básica.

Nossa dieta também era básica: pão *roti*, arroz e *daal*, às vezes com alguns legumes, se estivéssemos em um dia de sorte. Cultivavam-se frutas na nossa região, mas eram um luxo e, em sua maior parte, destinavam-se à venda. Não havia muitas árvores por perto de onde pudéssemos apanhar frutas. Como as hortas da cidade, eram muito bem guardadas. Aprendemos a viver com fome, já que era uma condição constante.

De tarde, as crianças voltavam da escola e eu podia sair para brincar com elas. Às vezes, jogávamos críquete em qualquer porção de terreno livre que encontrássemos. Também adorava caçar borboletas ou vaga-lumes, quando escurecia. Empinar pipas era outro dos nossos passatempos favoritos. Elas eram muito simples — varas e papel —, mas, até para ter uma básica, era preciso um pouco de dinheiro. Portanto, se eu quisesse uma pipa, tinha de procurar alguma que tivesse ficado presa numa árvore e subir para pegá-la, mesmo que fosse perigoso. Realizávamos verdadeiros embates entre pipas, muito animados. Para isso, passávamos areia na linha, o que a deixava abrasiva. Então tentávamos cortar a linha das pipas adversárias em pleno voo. As crianças também brincavam de bola de gude, porém, mais uma vez, era preciso ter dinheiro para comprar uma bolinha.

Eu não tinha nenhum amigo próximo — talvez por termos mudado de bairro ou por eu desconfiar das outras crianças, que ainda não conhecia direito —, por isso andava sempre que possível com meus irmãos, que eu adorava.

Quando fiquei um pouco mais velho, ganhei mais liberdade para sair de casa e pude brincar mais longe com a criançada. Por vezes, deixava Shekila sozinha em casa por um tempo, pois sabia que ela ficaria em segurança enquanto eu estivesse fora. Sei que isso é ilegal no Ocidente, mas, na minha cidade, não era raro, quando os pais tinham coisas a fazer fora de casa. Eu mesmo tinha ficado assim sozinho muitas vezes, portanto não me sentia culpado por isso.

Como qualquer criança, no início eu não ia muito longe, de modo que, se algo de errado acontecesse, eu podia sair correndo por uma rua ou outra, virar uma esquina e já estar em casa. Mais tarde, porém, acabei me aventurando até lugares distantes como o centro da cidade. Ou então eu e meus irmãos íamos até o rio, uma longa caminhada, do outro lado das comportas da barragem. Observávamos os pescadores usando redes para pegar peixes.

Nessa época, Guddu e Kallu tinham 14 e 12 anos, respectivamente, e passavam pouquíssimo tempo em casa. Eu não os via mais que duas ou três vezes por semana. Estavam basicamente se virando para sobreviver, vasculhando as ruas em busca de qualquer coisa para comer e dormindo em estações de trem, onde às vezes ganhavam comida ou dinheiro em troca de faxina. Na maior parte do tempo, ficavam em outra cidade, umas poucas estações depois da nossa, a mais ou menos uma hora de viagem. Diziam que Ginestlay não tinha nada e, por isso, estavam indo a um lugar chamado "Berampur" ou algo assim — não me lembro direito do nome —, onde era mais fácil conseguir dinheiro e comida. E começaram a fazer amigos lá, todos eles entrando e saindo de trens por aí.

Quando eu tinha 4 ou 5 anos, meus irmãos às vezes me levavam junto. Se o condutor pedia o bilhete, descíamos e depois pulávamos no trem seguinte. Passávamos por umas duas estações muito pequenas — não mais que plataformas no meio do nada — antes de chegarmos à estação de Berampur, que era menor que a de Ginestlay e ficava nos subúrbios da cidade. Mas meus irmãos só me deixavam ir até a estação; não me deixavam perambular pela cidade, pois eu poderia me perder. Então, vagueava pelas plataformas enquanto eles trabalhavam e depois voltava para casa com eles. Em vez de comida, tínhamos muita liberdade, e gostávamos disso.

Certa vez, quando eu tinha 5 anos, estava em casa, cansado depois de brincar o dia inteiro na rua, mas empolgado porque naquela noite quase toda a família estava reunida para o jantar. Minha mãe havia voltado do trabalho e, o que era ainda mais insólito, Guddu tinha vindo nos ver. Kallu era o único ausente.

Guddu ficou com a gente por cerca de uma hora, enquanto nós quatro comíamos juntos. Como Guddu era o mais velho, eu o tinha como meu maior exemplo. Fazia algum tempo que ele não voltava para casa, e eu estava com saudade de sair com ele e Kallu como uma turma. Tinha começado a sentir que eu não era mais um menino para ficar abandonado em casa enquanto eles saíam pelo mundo afora.

Quando minha mãe saiu, provavelmente para ver se conseguia arranjar mais comida para nós, Guddu anunciou que iria embora — de volta a Berampur. A ideia de ser deixado para trás mais uma vez, como um menininho preso dentro de casa sem nada para fazer, foi demais para mim. Levantei rápido e disse: "Eu vou com você!" Havia anoitecido fazia pouco tempo. Se eu fosse com meu irmão, era pouco provável que ele me trouxesse de volta para casa naquela noite. Teríamos de ficar juntos. Guddu pensou um pouco e então concordou. Fiquei muito empolgado. Deixamos Shekila sentada no chão e fomos embora antes de a minha mãe voltar. Ela não deve ter ficado muito preocupada, pois sabia que eu estava com meu irmão.

Logo, eu estava dando gargalhadas enquanto corríamos noite adentro, Guddu me carregando na bicicleta alugada através das ruas tranquilas em direção à estação de trem. O que poderia ser melhor? Eu já tinha viajado com meus irmãos antes, mas aquela noite era diferente. Saía com Guddu sem planejar quando voltava nem onde dormiria, exatamente como quando ele saía com Kallu. Não sabia por quanto tempo ele me deixaria acompanhá-lo, mas, naquele momento em que corríamos pelas ruas, não me importava com isso.

Ainda me lembro nitidamente daquela pedalada. Eu estava sentado na barra logo abaixo do guidão com os pés apoiados em cada lado do eixo da roda dianteira. A bicicleta se sacudia, pois as ruas eram repletas de buracos, mas eu não me importava nem um pouco. Havia muitos vaga-lumes, e passamos por alguns garotos que os caçavam. Um deles gritou "Ei, Guddu!", mas não paramos. Eu tinha orgulho de Guddu ser conhecido na cidade. Até já havia ouvido alguém mencioná-lo uma vez, quando eu estava num trem — para mim, ele era uma pessoa famosa. Tínhamos de prestar bastante atenção para conseguir ver as pessoas que andavam no escuro, sobretudo quando passamos por baixo da ponte ferroviária, que era muito baixa. Depois de um tempo, Guddu disse que caminharíamos pelo resto do caminho. Talvez estivesse cansado por ter de pedalar comigo na bicicleta. Então pulei para o chão e ele a empurrou pela rua principal no meio dos atribulados vendedores de *chai*. Quando nos aproximamos da estação, Guddu escondeu a bicicleta alugada atrás de uns arbustos mais densos e atravessamos o viaduto para esperar pelo próximo trem.

Quando o trem, com grande estardalhaço, parou na estação e nós nos enfiamos dentro dele, eu já estava ficando sonolento. Acomodamo-nos o melhor que podíamos nos duros bancos de madeira, mas a aventura estava começando a perder a graça. Descansei a cabeça no ombro do meu irmão enquanto o trem deixava a estação. Já era um pouco tarde e ainda ficaríamos no trem por cerca de uma hora. Não sei se Guddu já tinha se arrependido de me levar, mas comecei a me sentir um pouco culpado, porque minha mãe geralmente precisava de mim para cuidar de Shekila enquanto estava trabalhando, e eu não sabia quando iria voltar.

Ao saltarmos do trem em Berampur, eu estava tão cansado que desabei num banco de madeira na plataforma e disse que não conseguiria continuar sem descansar um pouco. Guddu disse que não tinha problema — tinha mesmo de resolver algumas coisas. "Fique aí sentado e não se mexa. Volto daqui a pouquinho e nós vamos atrás de algum lugar para dormir." Ele provavelmente foi procurar alguma coisa para comer ou caçar moedas pelas plataformas. Quanto a mim, eu me deitei, fechei os olhos e devo ter caído no sono de imediato.

Quando acordei, o silêncio era absoluto e a estação estava deserta. Com a vista embaçada, procurei por Guddu ao redor, mas não o vi em parte alguma. Havia um trem na plataforma onde tínhamos descido, com as portas dos vagões abertas, mas eu não sabia se era o mesmo nem por quanto tempo estivera dormindo.

Muitas vezes me perguntei o que exatamente devo ter pensado naquele momento. Ainda estava sonolento e desanimado por descobrir que estava sozinho na noite. Meus pensamentos estavam confusos. Guddu não estava lá, mas tinha dito que não iria longe — será que havia voltado para o trem? Eu me arrastei até lá e subi as escadas para dar uma olhada dentro do vagão. Lembro-me de ter visto algumas pessoas adormecidas a bordo e de ter descido com medo de que alguma delas acordasse e alertasse o condutor. Guddu havia me mandado não sair do lugar, mas provavelmente estava a bordo de outro vagão, trabalhando, varrendo embaixo dos bancos. E se eu caísse no sono de novo naquela plataforma escura e o trem fosse embora sem mim?

Procurei dentro de outro vagão e não vi ninguém, mas os bancos de madeira vazios eram mais confortáveis e o ambiente parecia mais seguro que aquela plataforma deserta — Guddu logo viria me buscar, sorrindo, talvez com alguma guloseima que tenha encontrado enquanto varria o chão. Havia espaço mais que suficiente para deitar com as pernas esticadas. Dentro de poucos minutos, eu já dormia serenamente de novo.

Dessa vez, devo ter dormido de verdade. Quando acordei, já era dia, e o sol batia em cheio nos meus olhos. Além disso, eu percebi com um sobressalto, o trem estava em movimento — avançando pelos trilhos fazendo barulho.

Pulei do banco. Meu vagão continuava vazio, e a paisagem do outro lado das janelas cerradas passava rapidamente. Nem sinal do meu irmão. Ninguém tinha vindo me acordar, um garotinho adormecido, sozinho num trem em movimento.

Os vagões de classe econômica não eram conectados uns aos outros por portas internas. Os viajantes embarcavam e desembarcavam por saídas localizadas nas duas extremidades. Corri até um lado e forcei as portas da esquerda e da direita — estavam ambas trancadas ou, pelo menos, não consegui movê-las. Corri, então, para a outra extremidade, mas as portas lá também estavam trancadas.

Ainda consigo sentir o calafrio de pânico que me atravessou quando percebi que estava preso — uma sensação de fraqueza, hiperatividade e incredulidade, tudo ao mesmo tempo. Não lembro exatamente o que fiz na hora — se gritei, esmurrei as janelas, chorei ou praguejei. Eu estava frenético, o coração batendo três vezes mais rápido que o normal. Não podia ler nenhum dos avisos pregados às paredes, que poderiam me informar aonde estava indo ou mesmo como sair. Corri de um lado ao outro e olhei embaixo de todos os bancos para ver se não havia ninguém dormindo em algum lugar. Só havia eu ali. Mas continuei correndo de um lado para o outro, gritando o nome do meu irmão, implorando a ele que viesse me buscar. Inutilmente, chamei por minha mãe e por meu irmão Kallu. Ninguém respondia e o trem não parava.

Eu estava perdido.

Aos poucos, fui me encolhendo diante da enormidade do que me confrontava, enroscando-me em posição fetal. Por um longo tempo, alternei entre o choro e uma perplexidade silenciosa.

Depois de longas horas andando rápido de um lado para o outro sozinho no vagão vazio, ergui-me para olhar pela janela e ver se reconhecia alguma coisa na paisagem. O mundo lá fora não era muito diferente do meu, mas não tinha características que o identificassem. Eu não sabia para onde estava indo, mas jamais tinha viajado para tão longe. Já estava muito longe de casa.

Entrei numa espécie de estado de hibernação — meu organismo se desligou, suponho, exaurido por tentar lidar com o que estava acontecendo. Eu chorava e dormia, às vezes olhava pela janela. Não havia nada para comer, mas tinha a água das torneiras dos banheiros imundos na parte de trás do vagão, cujas privadas eram buracos abertos que davam para os trilhos da ferrovia.

Uma hora, acordei e percebi que tínhamos parado — havíamos chegado a uma estação. Fiquei em êxtase, pois pensei que poderia chamar a atenção de alguém na plataforma. Mas não se via vivalma na estação sombria. As portas continuavam trancadas. Esmurrei-as e gritei e gritei até não poder mais, enquanto o trem, num arranco, voltava a se mover.

Acabei me cansando. Não se pode permanecer para sempre em um estado de completo pânico e terror, e eu já havia passado por ambos. Desde então, passei a acreditar que talvez seja por isso que choramos: nosso corpo tem de lidar com algo que a mente e o coração não conseguem absorver sozinhos. Todo aquele pranto tinha cumprido sua finalidade — eu havia deixado meu corpo processar meus sentimentos e agora, surpreendentemente, começava a me sentir um pouco melhor. A experiência tinha me esgotado, e eu dormia e acordava. Hoje, quando penso em retrospectiva e revivo mentalmente o completo pavor de ficar preso sozinho, sem nenhuma ideia de onde estava e para onde ia, é como um pesadelo. Guardo tudo aquilo em flashes: eu acordado olhando pela janela, horrorizado; ou encolhido, dormindo e acordando. Acho que o trem parou em algumas estações, mas as portas nunca se abriam e, de alguma forma, ninguém me via.

Com o tempo, porém, talvez um pouco da resiliência que eu tinha desenvolvido ao explorar minha própria cidade tenha se reafirmado. Comecei a pensar que, se não conseguia sair por conta própria, só me restava esperar até que alguém viesse me soltar, e então dar um jeito de voltar para casa. Eu tinha de me comportar como meus irmãos se comportariam. Eles passavam dias fora de casa; e eu era capaz de fazer o mesmo. Havia aprendido com eles como encontrar um lugar para dormir e já tinha me virado sozinho antes, procurando comida e mendigando. E, se aquele trem tinha me levado para longe de casa, talvez pudesse me levar de volta. Então, sentei-me, fiquei olhando para fora e tentei não pensar em nada, exceto na paisagem que passava pela janela. Eu veria aonde aquilo me levaria.

Aos poucos, os campos foram ficando mais verdes do que eu jamais tinha visto. Havia uma vegetação exuberante e árvores muito altas, sem galhos esparsos, mas com copas desgrenhadas e frondosas. Quando o sol saiu de trás das nuvens, tudo explodiu num verde reluzente. Vi macacos correndo pelos arbustos desordenados que ladeavam os trilhos, e pássaros maravilhosos de um colorido vivo. Havia água por toda parte, em rios, lagos, açudes e nos campos. Era um mundo novo para mim. Até as pessoas eram um pouco diferentes.

Depois de algum tempo, o trem começou a passar por pequenas cidades, e vi crianças brincando perto da ferrovia enquanto suas mães cozinhavam ou lavavam roupa no alpendre nos fundos da casa. Ninguém pareceu perceber a presença de uma criança solitária em uma janela do trem que passava. As cidades ficavam maiores e o intervalo entre elas era menor, até que não havia mais campos nem áreas abertas de qualquer tipo, somente casas e mais casas — ruas e ruas delas —, estradas, carros e carroças. Havia também grandes edifícios, em número muito maior do que na minha cidade, além de ônibus, caminhões e trens passando por outras ferrovias. E gente, gente por toda parte, muito mais gente do que jamais tinha visto na vida, mais do que sequer imaginava ser possível ver num lugar só.

O trem enfim desacelerou, e eu sabia que devia estar se aproximando de outra estação. Será que minha viagem chegaria ao fim dessa vez? A velocidade foi diminuindo até o trem quase não se mover, então houve um solavanco repentino e ele parou. De trás das grades da janela, com os olhos arregalados, vi uma multidão pulular na plataforma, caminhando a passos largos e carregando malas pesadas. Todos estavam apressados, centenas de pessoas, quiçá milhares, e de repente alguém abriu uma porta do meu vagão. Sem hesitar, corri pelo corredor o mais rápido que pude e pulei para a plataforma de embarque. Por fim, estava livre.

Somente quando meus pais em Hobart a apontaram no mapa colado à parede do meu quarto foi que descobri o nome daquela cidade até onde tinha viajado. Mesmo que tivessem me dito o nome na ocasião, não teria significado nada para mim — eu jamais havia ouvido falar do lugar. Tinha chegado a Calcutá, a extensa megalópole famosa por sua superpopulação, poluição e pobreza extrema, uma das cidades mais intimidadoras e perigosas do mundo.

Eu estava descalço, vestia um short preto muito sujo e uma camisa branca de mangas curtas com muitos botões faltando — literalmente, estava só com a roupa do corpo. Não tinha dinheiro, comida nem documento de identidade. Sentia um pouco de fome, mas já estava acostumado a isso, portanto ainda não era um problema. O que eu queria mesmo era ajuda.

Eu estava radiante por me ver livre da minha prisão sobre trilhos, mas extremamente assustado diante do tamanho da estação e daquela enxurrada de gente. Agitado, olhei ao redor na esperança de ver Guddu sair do meio da multidão para me resgatar, como se ele também tivesse ficado preso no trem. Mas não vi nenhum rosto familiar. Fiquei paralisado, sem saber para onde ir ou o que fazer, além de me desviar das pessoas instintivamente. Gritei "Ginestlay?", "Berampur?", na esperança de que alguém me dissesse como chegar lá. Mas ninguém na multidão apressada me deu a menor atenção.

Em algum momento, o trem no qual eu havia chegado deve ter partido novamente, mas não me lembro de tê-lo percebido. Mesmo que o tivesse, duvido que teria tido a frieza de pular a bordo de novo depois de ficar preso nele por tanto tempo. O medo me deixou apático, com receio de que, se saísse dali, pioraria as coisas. Permaneci na plataforma, e às vezes bradava: "Berampur?"

Por todo lado ao meu redor só havia uma confusão de ruídos, as pessoas gritando e chamando umas pelas outras ou tagarelando em grupos. Eu não conseguia entender nada do que falavam. De um modo geral, era simplesmente uma densa multidão de pessoas muito ocupadas, que se empurravam para dentro e para fora dos trens, lutando para chegar aonde quer que precisassem ir o mais rápido possível.

Uma ou outra pessoa parou para me ouvir, e tudo que consegui dizer foi algo como: "Trem, Ginestlay?" A maioria delas apenas meneava a cabeça e seguia em frente. Um homem retrucou: "Mas onde fica 'Ginestlay'?" Eu não sabia o que ele queria dizer — para mim, era simplesmente... *minha casa*. Como poderia lhe explicar onde ficava? Ele franziu a testa e se foi. Havia muitas crianças mendigando e andando pela estação à procura de qualquer coisa que conseguissem, exatamente como meus irmãos faziam na minha cidade. Eu era apenas mais um garoto pobre falando alguma coisa, pequeno demais para fazer alguém parar e me ouvir.

Por hábito, eu evitava policiais. Tinha medo de que me prendessem, como fizeram com Guddu uma vez. Ele tinha sido preso por vender kits de escova e pasta de dente em uma estação de trem, e a polícia o pusera na cadeia. Meu irmão havia passado três dias lá antes que alguém nos avisasse de seu paradeiro. Condutores, policiais, qualquer pessoa uniformizada — depois daquilo, passamos a evitar todas elas. Não me ocorreu que, dessa vez, pudessem me ajudar.

Continuei na plataforma mesmo depois de todos já terem ido embora, sem ter conseguido chamar a atenção de ninguém, dormindo aqui e ali, incapaz de ir embora ou pensar no que fazer em seguida. Em algum momento do dia seguinte, cansado e deprimido, desisti de pedir ajuda. As pessoas da estação não eram pessoas de verdade. Eram apenas uma grande massa compacta sobre a qual era impossível causar qualquer impacto, como um rio ou o céu.

A única coisa que eu sabia era que, se um trem havia me trazido até ali, outro trem poderia me levar de volta. Na minha terra, funcionava assim: os trens que passavam do lado oposto da plataforma seguiam o sentido contrário. No entanto, percebi que essa estação era o fim da linha. Ali, todos os trens entravam, paravam e depois voltavam vagarosamente pelo caminho de onde vieram. Já que ninguém me dizia para onde iam os trens, decidi descobrir por conta própria.

Assim, embarquei no trem seguinte que chegou à plataforma. Seria assim tão simples? À medida que o trem saía ribombando, pude ver melhor a estação: era um enorme edifício vermelho com muitos arcos e torres, o maior prédio que eu já tinha visto. Fiquei embasbacado com o tamanho, mas torci para que o estivesse deixando para trás, junto daquela multidão de pessoas espremidas. Mas, depois de uma ou duas horas, o trem chegou ao fim de sua própria linha, em algum lugar nos subúrbios da cidade. Depois, trocou de linha e voltou para a enorme estação.

Tomei outro trem e aconteceu a mesma coisa. Talvez o trem que eu precisava pegar saísse de outra plataforma, pensei. Havia muito mais plataformas ali do que na estação perto da minha casa, e em cada uma parecia haver diferentes tipos de trem. Em alguns, havia muitos compartimentos e funcionários ajudavam as pessoas a embarcar, enquanto em outros havia vagões e mais vagões cheios de gente sentada em bancos, como o que havia me trazido até ali. A quantidade de trens era assustadora, mas um deles devia voltar para a estação de onde eu tinha vindo — tudo o que eu precisava fazer era continuar tentando.

E foi isso que eu fiz. A cada dia que passava, eu tomava um trem diferente para fora da cidade.

Para evitar ficar preso de novo dentro de um vagão, eu só viajava de dia. No início de cada viagem, eu observava a paisagem que passava, cheio de esperança, pensando: sim, é isso, este parece ser o trem que vai me levar de volta, acho que já vi aquele prédio ou aquelas árvores... Às vezes, o trem chegava ao fim da viagem e retornava. Outras, simplesmente parava na última estação da linha, e eu ficava preso naquele lugar desconhecido e vazio até o dia seguinte, quando o trem fazia o caminho de volta. Eu só descia de um trem antes de ele chegar ao fim da linha quando começava a anoitecer. Então, engatinhando, enfiava-me embaixo dos bancos do interior da estação para me esconder e me encolhia bem para ficar mais aquecido. Felizmente, não fazia muito frio.

Sobrevivi comendo restos de comida que encontrava no chão, como amendoins que os viajantes deixavam cair ou espigas de milho que não foram comidas até o fim, e por sorte não era difícil encontrar torneiras onde eu pudesse beber água. Não era muito diferente de como eu tinha vivido até então, de modo que, embora estivesse quase sempre com medo e deprimido, eu sabia como me virar, e suponho que meu organismo estivesse acostumado a isso. Eu estava aprendendo a viver sozinho.

Assim, fiz várias viagens de ida e volta, tentando diferentes plataformas e diferentes rotas — às vezes, via paisagens que pensava reconhecer e depois percebia que, por acidente, havia entrado num trem que já tinha tomado antes — e, no fim, não cheguei a lugar nenhum.

Em todas essas viagens, ninguém nunca me pediu um bilhete. Claro que eu evitava pegar um trem quando via um condutor lá dentro, como fazíamos na minha cidade, porém, nos trens em que entrei, ninguém nunca me pediu a passagem. Se algum fiscal tivesse me abordado, talvez eu tivesse tomado coragem e lhe pedido ajuda, mas isso nunca aconteceu. Certa vez, um carregador pareceu compreender que eu estava perdido, no entanto, como não consegui me fazer entender de imediato, ele deixou bem claro que eu não deveria mais incomodá-lo. O mundo dos adultos estava fechado para mim, por isso continuei tentando resolver meu problema sozinho.

Com o tempo, porém — acho que em menos de duas semanas —, comecei a desanimar. Minha casa estava lá fora em algum lugar, mas talvez nenhum dos trens daquela estação fosse até lá. Ou talvez houvesse algum tipo de complicação que eu não conseguia resolver. Tudo o que eu sabia sobre a cidade que ficava para além da estação era o que tinha visto das janelas dos trens que chegavam e partiam. Talvez lá fora houvesse alguém que pudesse me ajudar, alguém que me desse instruções de como voltar para casa ou, simplesmente, que me desse um pouco de comida.

Àquela altura, no entanto, eu me familiarizava cada vez mais com a grande estação vermelha. Sentia que ela era a única conexão real que eu tinha com o lugar de onde tinha vindo, ao mesmo tempo que a massa de gente que entrava e saía me assustava. Cada vez que viajava a um lugar novo e estranho, alegrava-me ao voltar à grande estação, pois ali conseguia me orientar e sabia onde dormir ou em que lugares era mais provável encontrar comida. Claro que o que eu ainda mais desejava era encontrar minha mãe. Mas estava me adaptando à vida na estação.

Eu já tinha percebido que havia um grupo de crianças que parecia estar sempre na extremidade de uma das plataformas, onde dormiam à noite, apinhadas sob lençóis velhos. Pareciam estar na mesma situação que eu, sem ter aonde ir, mas não tentavam se esconder embaixo dos bancos ou dentro dos trens. Eu as observava e elas provavelmente já tinham me visto, mas não manifestaram nenhum interesse na minha presença. Até então, eu não havia me sentido seguro o bastante para me aproximar delas. Essa insegurança, entretanto, reduzia-se diante da minha incapacidade de encontrar o caminho de casa. Já tinha sido provado que os adultos não me ajudariam em nada, mas talvez outras crianças prestassem algum auxílio. Ao menos, poderiam me deixar ficar perto delas, e talvez fosse mais seguro ter outras crianças por perto.

Elas não foram muito acolhedoras mas também não me expulsaram quando me deitei em um banco de madeira dura perto delas, apoiando a cabeça nas mãos. Crianças sozinhas não eram uma visão incomum naquele lugar, e a chegada de mais uma não surpreendeu ninguém. Esgotado depois das viagens de trem que havia feito ao longo do dia, mas um tanto aliviado, eu tinha decidido que não começaria tudo de novo no dia seguinte. Sentia-me mais seguro com os outros por perto e adormeci rapidamente.

Pouco tempo depois, porém, fui acordado por algo que, num primeiro momento, achei que fosse um pesadelo. Ouvi vozes de crianças gritando: "Vai embora! Me larga!" Depois, mais gritos. Desta vez, eram vozes infantis e adultas. Então, à meia-luz da estação, pensei distinguir um homem que bradava algo como: "Você vem comigo!" Em seguida, uma criança claramente gritou "cooorre!", e eu pulei do banco, pois vi que não se tratava de um sonho.

Na confusão, vi crianças sendo suspensas do chão e levadas por adultos e uma garotinha tentando se livrar de um homem na extremidade da plataforma. Corri para me salvar, disparando pela plataforma escura até o fim dela e depois pulando nos trilhos e avançando para a escuridão.

Enquanto corria praticamente às cegas ao longo de um grande muro, eu olhava para trás sem me virar para ver se estava sendo seguido, mas não desacelerei nem quando já achava que ninguém me seguia. Eu não sabia o que havia acontecido lá na estação, não fazia ideia de por que os homens estavam levando as crianças. Tudo o que eu sabia era que não me deixaria ser pego de jeito nenhum.

Mas o perigo não vinha só de trás. Quando os trilhos viraram para a direita, eu me vi frente a frente com as luzes cegantes de um trem que vinha na minha direção. Pulei para o lado, e o trem passou raspando, fazendo um barulho ensurdecedor. Tive de me espremer o máximo possível contra a parede por uma eternidade enquanto os vagões continuavam passando, com o rosto de lado para não ser atingido por nenhum objeto que o trem pudesse estar arrastando.

Quando o trem passou, pude me recuperar. Embora estivesse apavorado com os perigos dessa cidade desconhecida, eu já havia me virado sozinho muitas vezes antes, portanto não tinha motivo para me desesperar. Acho que a vantagem de ter 5 anos era que eu não pensava muito sobre o que teria acontecido às outras crianças ou sobre o significado daquilo para além do fato de que era algo que eu queria evitar. Que opção eu tinha, além de seguir em frente?

Continuei andando pelos trilhos, porém com mais cautela. Quando desembocaram em uma estrada, abandonei-os e, portanto, também me desliguei da estação pela primeira vez a pé desde que tinha chegado. A estrada era movimentada, o que parecia mais seguro do que estar em um lugar qualquer, longe da vista de todos. Ela seguiu até as margens de um rio enorme sobre o qual se estendia uma ponte gigantesca, cujo perfil escuro cortava o céu acinzentado. Lembro-me claramente da impressão fortíssima que aquela visão me causou. Já tinha visto algumas pontes das janelas dos trens, maiores que a única que eu conhecia da minha cidade, que cruzava o rio onde eu brincava com meus irmãos. Nos intervalos entre as barracas de feira que se amontoavam à margem do rio, via-se o vasto curso de água, repleto de barcos. A ponte se projetava sobre suas águas, uma estrutura imensa, com gente pululando na passagem de pedestres e uma massa vagarosa e barulhenta de bicicletas, motos, carros e caminhões na pista principal. Era uma visão espantosa para um garotinho de uma cidade pequena. Quantas pessoas deveria haver ali? Seria esse o maior lugar do mundo? A revelação da cidade que existia para além da estação fez com que eu me sentisse mais perdido que nunca.

Fiquei na rua por algum tempo, pasmado diante da dimensão da cena. Mas, ao mesmo tempo que parecia invisível, eu temia chamar a atenção de pessoas semelhantes àquelas de quem havia acabado de escapar — ou até dos mesmos homens, que poderiam estar me perseguindo. Esses pensamentos me encorajaram a transpor as barracas e caminhar entre alguns edifícios maiores na direção do rio. As encostas íngremes e cobertas de grama, cobertas pela sombra de árvores grandes e frondosas, logo deu lugar à margem lamacenta do rio, e toda a área estava cheia de gente — uns se banhavam, outros lavavam panelas e tigelas ali perto, no raso; outros, ainda, cuidavam de pequenas fogueiras, enquanto carregadores transportavam todo tipo de objeto encostas acima, descarregados de barcos longos e baixos.

Sempre fui um menino muito curioso — depois que cresci um pouco mais e me deixaram ir para a rua sozinho, nunca gostei de ficar em um mesmo lugar por muito tempo. Eu estava sempre louco para ver o que havia depois da próxima esquina, e justamente por isso eu tinha desejado tão ardentemente viver a vida dos meus irmãos, errante e independente, e decidira de pronto sair de casa com Guddu naquela fatídica noite. Mas estar perdido na enorme estação ferroviária de uma cidade tão grande e agitada havia sufocado aquele instinto em mim — eu agora ansiava pelas ruas familiares da minha cidadezinha. A experiência tinha me deixado mais cauteloso, e eu receava me distanciar muito da pequena área que já conhecia. Estava dividido entre voltar para a estação e para as ruas apertadas de seu entorno ou permanecer na região do rio, mais aberta, porém estranha a mim. Para onde quer que eu olhasse havia mais e mais daquela cidade. Exausto depois de enfrentar tantos desafios no dia, sem dormir nem comer direito, eu me mantinha longe das pessoas, mas não tinha ideia do que fazer em seguida. Experimentei ficar parado perto de algumas barracas na esperança de que alguém me desse algo para comer, mas os vendedores me enxotavam.

Por fim, caminhei um pouco mais pela margem do rio e me deparei com um grupo de pessoas dormindo. Pareceram-me homens santos. Eu já tinha visto homens assim na minha cidade. Não eram como Baba, que cuidava da mesquita perto da minha casa: Baba vestia uma camisa branca muito comprida e calças, como muitos homens da vizinhança. Os que eu via agora estavam descalços e vestiam túnicas e colares cor de açafrão, e a aparência de alguns deles era bastante assustadora, com tufos embaraçados de cabelo sujo enrolados sobre a cabeça, o rosto pintado de vermelho e branco. Eram sujos, como eu, por viverem ao ar livre nas ruas. Até então, eu havia me mantido o mais longe possível de adultos, mas com certeza ali, entre aqueles homens santos, ninguém me faria mal. Deitei-me perto deles, encolhi-me em posição fetal e juntei as mãos sob a cabeça para servirem de travesseiro.

Quando dei por mim, já havia amanhecido e eu estava sozinho. Os homens santos foram embora, o sol já estava alto e pessoas caminhavam por toda parte. Eu tinha sobrevivido a minha primeira noite nas ruas de Calcutá.

3

SOBREVIVÊNCIA

Com fome, como sempre, ao menos descobri que era mais fácil conseguir comida às margens do rio do que na grande estação vermelha onde havia desembarcado dias antes.

Como os donos das barracas se mostraram indiferentes a crianças pedintes, caminhei à beira da água na esperança de encontrar pessoas cozinhando por ali. A luz do dia confirmou que aquele era o maior rio que eu já tinha visto, mas também era o mais nojento e malcheiroso, cheio de animais mortos, excrementos humanos e imundície de todo tipo. Enquanto buscava um caminho à beira da água, horrorizei-me ao ver duas pessoas mortas entre as pilhas de entulho. Uma delas tinha a garganta cortada e a outra, as orelhas arrancadas. Eu já tinha visto gente morta antes, quando uma pessoa morria lá perto de casa e alguém providenciava um tratamento digno para o corpo. Jamais havia topado com corpos simplesmente jogados na rua. Ali, ninguém prestava atenção aos mortos, fossem pessoas, fossem animais, mesmo que parecessem ter sido violentamente atacados. Aqueles corpos jaziam a céu aberto, sob um sol escaldante, cobertos de moscas e, aparentemente, com mordidas de ratos.

A visão me deixou nauseado, porém o que mais me impressionou foi que aquela cena confirmava algo que eu já tinha começado a sentir: que cada dia nesta cidade era questão de vida ou morte. O perigo estava por todo lado e vinha de todo mundo — havia ladrões, pessoas que raptavam crianças e até assassinos. Isso despertou todo tipo de temor. Seria esse o mundo em que meus irmãos viviam quando saíam de casa e essa a razão por que não me deixavam sair da estação quando eu viajava com eles? O que havia acontecido com Guddu na estação de trem? Onde tinha se metido e por que não estava por perto quando acordei? Estaria ele num lugar como esse, procurando por mim? E o que será que minha família pensava que tinha acontecido comigo? Será que estavam me procurando ou já me consideravam morto, perdido para sempre?

Acima de tudo, eu desejava encontrar minha mãe, Guddu, toda a família, para que me protegessem e cuidassem de mim, mas também sabia que, para que houvesse qualquer esperança de isso acontecer, eu tinha de ser forte, muito forte. Do contrário, eu iria desaparecer, ou até mesmo morrer, às margens daquele grande rio de águas turvas. Compreendi que tinha de me virar sozinho. E juntei todas as minhas forças.

Eu me dirigi para a ponte e deparei com a uma espécie de escadaria de pedra que mergulhava no rio, sobre a qual as pessoas se banhavam e lavavam roupa. Bem perto dos degraus, havia um grande escoadouro de pedra que despejava a água e o lixo das ruas direto no rio. As crianças pulavam e brincavam na água, e fui até lá me juntar a elas. Hoje, acho inacreditável — assim como também o acham pessoas que visitam a Índia — que alguém possa se lavar ou se banhar em um rio que também serve de esgoto e cemitério, entretanto naquela ocasião não pensei duas vezes. Era um rio, e rios são para isso. Também eram o cenário de extraordinários atos de bondade, como logo descobriria.

As outras crianças pareceram aceitar que eu me juntasse a elas, e então ficamos brincando na água, um alívio naquele dia quente. Algumas eram bem seguras de si e pulavam da lateral da escada direto na água. Eu, porém, só desci os degraus até ficar com água na altura dos joelhos — embora meus irmãos já tivessem tentado me ensinar a nadar na represa perto da nossa cidade, eu ainda não havia aprendido direito. Lá, exceto no período das monções, o rio não passava de um curso de água calmo onde nos molhávamos. Mas eu adorava ficar na água. E ainda mais nesse dia — era maravilhosa a sensação de voltar a ser criança e brincar com outras crianças.

Ao fim da tarde, as outras crianças foram para casa. Eu permaneci na escadaria, desejando que o dia não terminasse. O rio, entretanto, guardava muitas surpresas. Eu não havia notado, mas o nível da água devia ter subido ao longo do dia, e, quando pulei para um degrau mais baixo, num lugar que antes era seguro, de repente vi que estava muito mais fundo — não dava pé. Além disso, a correnteza estava forte e me levava para longe dos degraus. Agitando desesperadamente os braços na água e tomando impulso no fundo do rio, voltei à tona com muito custo, ofegante, em busca um pouco de ar, mas a água me levou novamente para o lado e para o fundo. Dessa vez, como estava longe demais da margem, não alcançava o fundo. Eu estava me afogando.

Então ouvi o barulho de algo caindo na água perto de mim e fui puxado para cima, levado para a superfície e colocado sobre os degraus, onde me sentei tossindo e cuspindo água suja. Eu fui salvo por um mendigo idoso que pulou de cima do escoadouro de pedra, me alcançou bem a tempo e me tirou da água. Depois, subindo a escada, o homem voltou silenciosamente para a margem, onde suponho que ele morava

Talvez a gentileza daquele desconhecido tenha me feito baixar a guarda, ou talvez fosse apenas a minha idade, mas, quando voltei para nadar no dia seguinte, fui estúpido e deixei que a subida da maré e a forte correnteza me surpreendessem novamente. Mais uma vez, eu me vi em apuros. Por incrível que pareça, o mesmo homem me salvou — talvez tivesse ficado de olho em mim quando havia me visto voltar. Dessa vez, outras pessoas perceberam o que tinha acontecido ao verem o homem me ajudar e me levar para a escadaria, onde, tossindo, botei mais água para fora. Formou-se uma aglomeração em torno de nós e, como pude perceber, as pessoas estavam dizendo que os deuses me pouparam, que a minha hora de morrer ainda não tinha chegado.

Talvez eu tenha me sentido sufocado por todas aquelas pessoas se empurrando para me ver ou apenas humilhado ou chateado comigo mesmo por quase ter me afogado pela segunda vez, mas o fato é que de repente fiquei de pé e saí correndo, o mais rápido que podia. Corri para bem longe ao longo da margem, jurando a mim mesmo que me manteria longe daquele rio.

Portanto, creio que jamais tenha agradecido àquele mendigo, que havia sido quase meu anjo da guarda, por ter me salvado não apenas uma, mas duas vezes.

Para escapar da multidão, tinha fugido da área com a qual eu havia me familiarizado, e já anoitecia. Era tarde demais para tentar voltar à região da margem que eu conhecia antes que escurecesse, de modo que tive de encontrar rapidamente um lugar perto de onde eu estava para dormir. Deparei com o que parecia uma fábrica abandonada, em cujos fundos havia uma grande pilha de entulho na escuridão. Exausto, encontrei um pedaço de papelão e me deitei nele, atrás do monte de entulho. O lugar fedia, mas àquela altura já estava me acostumando com aquilo, e pelo menos ali eu estava bem escondido.

Naquela noite, fui despertado por um bando de cachorros assustadores que latia sob a luz de um poste de rua. Peguei uma pedra e juntei outras perto de mim, mas devo ter caído no sono, porque, ao acordar, com o sol quente no rosto e as pedras ainda ao meu lado, os cachorros tinham desaparecido.

Em pouco tempo, conheci melhor o bairro da estação, inclusive as pequenas lojas e barracas onde eu tentava conseguir comida. Os cheiros que vinham delas eram irresistíveis: mangas, melancias e fritura; e, nas bancas de doces, *gulav jamun* e *laddu*. E, assim, tudo o que eu via eram pessoas comendo: um grupo de homens quebrando amendoins enquanto batiam papo, outros bebendo *chai* e compartilhando um pequeno cacho de uvas. Meu estômago roncava, e eu ia de vendedor em vendedor, implorando por comida. Eles sempre me enxotavam, junto com outras crianças que perambulavam por ali — éramos numerosos demais para suscitar piedade.

Eu observava as pessoas comerem. Eram pobres como minha família, e por isso não costumavam deixar para trás nada que prestasse, mas talvez algo caísse ou não comessem tudo. Não havia lixeiras, portanto, quando alguém terminava de comer, simplesmente jogava as sobras no chão. Eu avaliava quais desses restos poderia comer sem correr nenhum risco, exatamente como eu e meus irmãos sabíamos que tipo de comida coletar nas plataformas de trem da minha cidade. Alimentos fritos, como *samosa*, por exemplo, eram perfeitamente seguros de comer se a sujeira fosse raspada deles, mas eram muito valiosos. Era uma verdadeira corrida para conseguir apanhar as sobras antes dos outros meninos. Geralmente, eu pegava coisas que as pessoas deixavam cair com mais facilidade, como castanhas ou *bhuja mix* apimentado, com grão-de-bico e lentilha. Às vezes, eu corria para pegar um pedaço de pão pita. Muitas vezes, havia briga entre os desesperados pelos restos, e eu era empurrado de lado com força ou até levava um soco. Éramos como cães selvagens lutando por um osso.

Embora eu não me afastasse muito da estação nem do rio, pois eu dormia lá, comecei a explorar algumas das ruas vizinhas também. Poderia ser um retorno da minha inclinação natural de perambular por aí, mas minha exploração também era movida pela esperança de que, na próxima esquina, houvesse algo para comer, alguma fonte de comida que os outros garotos ainda não tivessem descoberto — um comerciante gentil ou uma caixa de alimentos descartados do mercado. Um lugar grande assim era cheio de possibilidades.

E de perigos também. Em uma das minhas expedições, lembro que dei por mim circulando por quarteirões bastante povoados, repletos de casas caindo aos pedaços e barracos feitos de bambu e placas enferrujadas de ferro corrugado. O cheiro era simplesmente terrível, como se houvesse algo morto pela região. Percebi que as pessoas me olhavam de um jeito estranho, como se eu não tivesse o direito de estar ali. A certa altura, topei com um grupo de garotos mais velhos que fumavam cigarrilhas. Eu estava começando a ficar nervoso e estaquei quando eles olharam para mim.

Um dos garotos, brincando com a cigarrilha na mão, levantou-se e se aproximou, falando alto comigo. Seus amigos riam sem parar. Eu não conseguia entender sequer uma palavra e fiquei ali de pé, sem saber o que fazer. Então, ele veio na minha direção e me deu dois tapas na cara, ao mesmo tempo que falava comigo. Atônito, comecei a chorar, e ele me bateu de novo com força e eu caí no chão, ainda chorando, enquanto os garotos davam gargalhadas.

Percebi que as coisas poderiam piorar se eu não desse o fora dali, então tentei me recompor. Levantei, dei meia-volta e comecei a andar a passos largos, como quem foge de um cão perigoso. Meu rosto ardia. Pensei que, se eu demonstrasse que não queria ficar ali, talvez eles me deixassem em paz. Mas, ao perceber que estavam vindo atrás de mim, saí em disparada. Em meio às lágrimas, meus olhos detectaram uma fenda entre dois edifícios, e eu me lancei nela no exato instante em que sentia uma pedra arremessada por um deles atingir meu braço.

Contorcendo-me pela fenda, fui dar em um pátio fechado. Não conseguia ver nenhuma saída, e os garotos gritavam do outro lado. O chão era um mar de lixo empilhado até o alto do muro — talvez eu pudesse escalar todo aquele entulho e pular para o outro lado. Enquanto abria caminho entre o lixo e atravessava o terreno, a gangue surgiu vinda de outra entrada que eu não tinha visto. Os garotos começaram a pegar objetos dentro de uma lata enferrujada e o líder deles gritava comigo. Nisso, a primeira garrafa veio voando e se quebrou no muro atrás de mim. Foi seguida por outras, explodindo à minha volta. Era só uma questão de tempo até que algum deles acertasse a mira e me atingisse. Tropeçando e baixando a cabeça para desviar das garrafas, alcancei a pilha de entulho que, felizmente, aguentava o meu peso. Escalei até o alto, me ergui até o topo do muro e corri por sua extensão, rezando para que os garotos não viessem atrás de mim. Garrafas e mais garrafas se estatelavam no muro ou passavam zunindo perto das minhas pernas.

Talvez me ver correr já fosse diversão suficiente para aquela gangue. Os garotos me perseguiram até os limites do território deles e não se deram ao trabalho de continuar atrás de mim enquanto eu corria, cambaleante, o mais rápido possível. Um pouco mais à frente, encontrei uma escada de bambu encostada no muro do quintal de alguém. Desci por ela, arremeti casa adentro e saí pela porta da frente, onde passei disparado por uma mulher sentada com o bebê nos braços. Ela não pareceu ter me visto passar, correndo como um louco em direção à ponte que se deixava entrever a distância.

Mesmo perto do rio, além de procurar comida, eu ficava sempre atento a possíveis lugares seguros para dormir. Muitas vezes, quando eu voltava a lugares onde já tinha dormido antes, havia outras pessoas lá e eu não podia ficar. Outras vezes, simplesmente encontrava um lugar mais promissor. Dormindo ao relento e constantemente estressado com a busca de um lugar para passar a noite, estava sempre cansado. Certo dia, num fim de tarde, perambulando nas proximidades do rio, acabei pela primeira vez embaixo da grande estrutura da ponte. Deparei com algumas plataformas pequenas de madeira com oferendas, como pedaços de coco e moedas, junto de desenhos e estatuetas de uma deusa que reconheci — Durga, a forma guerreira da deusa suprema Mahadevi. Estava montada num tigre com seus inúmeros braços brandindo armas, que foram usadas para matar um demônio, segundo as histórias que me contaram. Era uma imagem aterradora, iluminada pela luz bruxuleante de lâmpadas de terracota. Mas também havia algo de reconfortante naquelas luzinhas que piscavam na escuridão crescente que me envolvia, e então me sentei ali, embaixo da ponte, observando as águas do rio. Sempre faminto, achei as oferendas tentadoras — acabei pegando alguns dos pedaços de frutas e de coco e os comi. Também peguei algumas moedas.

Eu não queria abandonar aquele lugar. Sentia que tudo ficaria bem se eu não saísse dali. Além dos santuários, havia algumas tábuas dispostas como uma plataforma sobre a água. Eu me certifiquei de que eram resistentes e estáveis, então subi nelas. A sensação era de que eu estava num local sagrado, aonde as pessoas vinham para orar à deusa. Sobre aquelas tábuas firmes de madeira, ouvindo o som do rio correndo abaixo, pensei na minha família, em como estariam e se estavam fazendo essa mesma pergunta com relação a mim.

Mas, pelo que me lembro ao pensar nisso hoje, meus sentimentos naquele momento eram diferentes dos de quando eu tinha chegado — menos agudos, menos dolorosos, porém, de certa forma, mais profundos também. Ainda que minha casa fosse a mesma, eu tinha mudado. Continuava querendo voltar para casa, e o queria desesperadamente, mas o sentimento não me inundava mais por completo. Não havia abandonado a esperança de voltar para minha família, mas agora estava mais concentrado em sobreviver ali, em conseguir chegar ao fim de cada dia. Suponho que estivesse mais consciente de que a vida era ali e não em um lar impossível de reencontrar. Aquele lar — o lar que eu havia perdido — me parecia ainda mais distante. Talvez eu já sentisse, em certa medida, que *esse* era o meu lar agora, pelo menos por enquanto.

Quando acordei na manhã seguinte, um dos homens santos de aparência selvagem e túnica cor de açafrão meditava ali perto. Logo, outros chegaram e se juntaram a ele, alguns despidos da cintura para cima e outros empunhando cajados compridos e ornamentados. Fui embora discretamente. Eu sabia que tinha dormido no lugar que pertencia a eles e que havia roubado algumas das suas oferendas, e pensei que talvez as tábuas sobre a água também fossem destinadas a servir de relicário para Durga. Mas eles não me machucaram, nem sequer me acordaram, e naquele momento me senti seguro na companhia deles, quase como se fôssemos companheiros de jornada.

Certos dias, como não tinha praticamente nada para fazer, eu voltava aos pátios da estação ferroviária e perambulava pelas muitas linhas de trem. Havia sempre pessoas por perto, procurando qualquer coisa que pudessem encontrar ou simplesmente passando o tempo, como eu. Talvez estivessem perdidas também, tentando adivinhar qual linha poderia levá-las para casa. De vez em quando, um trem passava, apitando para que as pessoas saíssem da frente.

Em um dia tranquilo, mas muito quente, caminhei pela área até ficar aturdido de tanto calor, então me sentei nos trilhos, quase caindo de sono. Um homem vestindo uma camisa branca encardida e calça veio até a mim e me perguntou o que eu estava fazendo num lugar tão perigoso. Quando lhe respondi do meu jeito hesitante, ele não apenas me compreendeu como falou mais pausada e detidamente, para que eu pudesse entendê-lo. O homem me disse que muitas crianças eram atropeladas por trens e morriam ali, enquanto outras perdiam braços e pernas. Estações de trem e pátios ferroviários eram lugares perigosos, concluiu, e não parques de diversão.

Falei que estava perdido e, incentivado pelo fato de que ele parecia paciente o bastante para me ouvir e tentar entender o que eu queria dizer, expliquei-lhe que tinha vindo de Ginestlay, mas ninguém parecia saber onde ficava esse lugar, e agora estava sozinho, sem família nem casa. Depois de ouvir minha história — a primeira vez que fui capaz de contá-la a alguém —, ele me disse que me levaria para sua casa e me daria comida, água e um lugar para dormir. Fiquei radiante. Finalmente, alguém tinha parado para me ajudar e me salvar. Fui com ele sem hesitar.

O homem trabalhava na ferrovia e morava em um pequeno barraco ao lado dos trilhos, perto de onde todas as linhas convergiam na entrada da imensa estação vermelha. O barraco era feito de chapas corrugadas de ferro remendadas com algumas folhas grossas de papelão e sustentado por uma estrutura de madeira. Ele o dividia com um grupo de ferroviários, e fui convidado a me juntar a eles para o jantar. Pela primeira vez desde que havia me perdido, eu me sentava a uma mesa e comia uma refeição que alguém tinha cozinhado e que ainda estava quente — ainda lembro que foi *daal* de lentilha com arroz, preparado por um dos funcionários sobre uma pequena fogueira em um canto do barraco. Os trabalhadores não pareciam se importar com o fato de eu estar ali e não se queixaram por terem de dividir o jantar comigo. Eram muito pobres, mas possuíam o suficiente para não passar pelas adversidades dos moradores de rua. Tinham teto, dinheiro o bastante para comer uma refeição simples e trabalho, por mais pesado que fosse. Só podiam me oferecer uma minúscula porção, mas isso fez toda a diferença, pelo simples fato de que se dispuseram a alimentar e acolher um estranho. Foi como se eu cruzasse uma fronteira e adentrasse um mundo totalmente diferente daquele em que estivera vivendo, e para isso bastaram algumas chapas corrugadas de ferro e um punhado de lentilha. Pela segunda vez, a gentileza de um estranho parecia ter salvado minha vida.

Havia uma cama extra nos fundos do barraco, muito simples, de palha, e dormi nela me sentindo quase tão confortável e feliz quanto se estivesse em casa. O ferroviário havia comentado que conhecia alguém que talvez pudesse me ajudar, e no dia seguinte disse ter convidado essa pessoa a fazer uma visita. Fiquei extremamente aliviado — de repente parecia que toda aquela experiência não passaria de um sonho ruim. Eu logo estaria em casa. Passei o dia no barraco depois que os homens saíram para trabalhar aguardando pelo meu salvador.

Como prometido, outro homem apareceu no dia seguinte, e ele também era atencioso e falava de maneira simples para que eu pudesse entender. Usava um terno elegante e limpo e sorriu quando apontei para seu bigode e disse "Kapil Dev", referindo-me ao então capitão da seleção de críquete da Índia, com quem se parecia. Depois, ele se sentou na minha cama e disse: "Venha até aqui e me diga de onde você é." Então fiz o que me pediu e lhe contei tudo o que havia acontecido comigo. Ele queria saber o máximo possível sobre o lugar de onde eu tinha vindo para poder me ajudar a encontrá-lo, e, enquanto eu tentava lhe explicar tudo da melhor maneira possível, ele se deitou na cama e fez com que eu me deitasse ao seu lado.

Ao longo da minha jornada, muitas coisas felizes e infelizes aconteceram comigo, e eu tomei boas e más decisões. Meus instintos nem sempre estavam corretos, mas tinham se aperfeiçoado depois das semanas que vivi nas ruas tomando decisões conscientes e inconscientes em situações de risco. Quando se sobrevive, aprende-se a confiar nos instintos. Talvez qualquer criança de 5 anos se sentiria pouco à vontade ao se ver deitada na cama com um estranho. Nada de desagradável aconteceu, e o homem sequer encostou em mim, mas, apesar das promessas maravilhosas e inebriantes que recebi, de que voltaria para casa, eu sabia que algo ali não estava certo. Também sabia que não devia deixar transparecer minha desconfiança, que o melhor era entrar no jogo. Enquanto ele me dizia que, no dia seguinte, iria comigo a um lugar que conhecia e depois tentaria me levar de volta para casa, eu balançava a cabeça e concordava. Ao mesmo tempo, sabia com certeza que não devia me envolver com aquele homem e que tinha de bolar um plano para escapar dali.

À noite, depois do jantar, lavei a louça numa banheira velha e desgastada, como havia feito nas duas noites anteriores. Os homens, como de costume, se agruparam para tomar *chai* e fumar, e em pouco tempo estavam completamente distraídos conversando e contando piadas. Era a minha oportunidade. Escolhi o melhor momento possível e disparei porta afora. Corri como se minha vida dependesse disso, o que, em retrospecto, eu temo que fosse verdade. Esperava que, ao pegá-los de surpresa, eu abriria vantagem suficiente para escapar da perseguição. Mais uma vez, fugia noite adentro para além das linhas de trem e por ruas desconhecidas, sem ideia de aonde ir e só pensando em escapar.

Fiquei cansado rapidamente e diminuí a velocidade assim que cheguei a uma rua movimentada — provavelmente eles nem se importariam por eu ter sumido e, mesmo que se importassem, não teriam conseguido me perseguir até tão longe. Então ouvi alguém atrás de mim, perto chamar meu nome. Isso me deixou arrepiado dos pés à cabeça, como se tivesse tomado um choque. Abaixei-me imediatamente, embora já fosse muito mais baixo que todas as pessoas ao meu redor, e rumei à área mais cheia daquela rua estreita, perto das agitadas bancas de comida que se espalhavam ao longo do meio-fio. Quando olhei em volta, vi de relance dois homens que pareciam me seguir — homens severos e carrancudos que vasculhavam a área e se moviam com rapidez. Então percebi que um deles era o funcionário da ferrovia que tinha me levado para o barraco, que não mais se parecia com aquele homem gentil que havia me acolhido. Fugi deles depressa, mas a rua logo estava tão cheia de gente que era difícil andar rápido, e eu via que os homens se aproximavam. Tinha de me esconder. Encontrei um pequeno espaço entre duas casas e me enfiei nele, rastejando o máximo que podia para o fundo, até topar com um cano de esgoto rompido em uma das paredes, grande o bastante para que eu me escondesse dentro. Entrei de costas, engatinhando, até não poder mais ser visto da rua, ignorando as teias de aranha e a água fedorenta que corria pelas minhas mãos. Eu temia muito mais o que estava lá fora do que o cano escuro onde havia me metido. Se eles me encontrassem, eu não teria por onde fugir.

    Pude ouvir um deles conversando com o vendedor de sucos cuja barraca ficava bem ao lado de onde eu estava escondido. Inclusive, tenho na memória a recordação assustadora de ter posto a cabeça para fora para espiar no exato instante em que o ferroviário olhava para dentro do espaço entre as casas, vasculhando o lugar com um olhar implacável que por um momento pareceu pousar em mim, mas, depois de hesitar um pouco, prosseguiu. Terei chegado mesmo tão perto de ser descoberto? Será que o homem que vi era realmente o ferroviário que havia me acolhido? Hoje não tenho certeza, mas a cena permaneceu vívida na minha mente, talvez por causa da força da traição que sofri — eu tinha confiado nesse homem e acreditado que ele iria me ajudar, apenas para o chão se abrir sob meus pés e me engolir. Nunca esqueci aquele sentimento aterrorizante.

Fiquei escondido por mais algum tempo, até ter certeza de que ele e os outros foram embora, então pulei para fora do cano e fugi pelos becos e ruas mais escuros. Estava de coração partido, pois todas as minhas esperanças foram por água abaixo, mas também me sentia aliviado por ter escapado. Ao menos meu instinto de sobrevivência parecia forte. De algum modo, eu me fortaleci ao provar a mim mesmo que era capaz de me virar.

4

SALVAÇÃO

Eu tinha tanto medo de que aqueles homens me encontrassem de novo que não tive coragem de continuar nas proximidades da estação. Apesar das minhas incursões ocasionais nos bairros vizinhos, até então eu tinha sido muito cauteloso ao me distanciar do local por onde havia chegado à cidade. Agora, entretanto, eu tinha de fazê-lo. Assim, decidi cruzar o rio pela primeira vez.

Os passeios de ambos os lados da ponte estavam tão lotados quanto as plataformas da estação, porém com maior diversidade de tipos humanos. A maioria das pessoas circulava apressada em ambas as direções, sozinha ou em grupo, aparentemente muito ocupada. Mas algumas pessoas simplesmente estavam por ali, como se vivessem na ponte. Tive de me desviar de famílias inteiras que caminhavam aglomeradas e descuidadas e de pessoas que carregavam enormes pilhas de mercadorias sobre a cabeça. Passei por mendigos sem um braço, uma perna ou um olho, alguns com o rosto desfigurado e carcomido por alguma doença, e todos eles, segurando suas tigelas de moedas, clamavam por rupias ou um pouco de comida. A rua estava repleta de veículos de todo tipo, incluindo riquixás, carroças puxadas por bois e até vacas desgarradas perambulando no meio da confusão. Eu me sentia sufocado com a dimensão de tudo aquilo. Avancei por entre a multidão o melhor que pude e abandonei a rua principal assim que cheguei ao outro lado.

Já em uma região mais tranquila, caminhei sem destino por um labirinto de vielas e ruas, atento ao perigo e à solidariedade. O funcionário da ferrovia havia tornado mais complicado diferenciar as duas coisas. Embora ter sido enganado tenha me deixado um pouco mais confiante nos meus instintos, talvez tivesse servido também para me mostrar que eu não conseguiria sobreviver sozinho por muito tempo — os perigos eram muito grandes e muito difíceis de serem vistos. Minha desconfiança em relação às pessoas havia aumentado — elas me pareciam ou indiferentes, ou mal-intencionadas — assim como a necessidade que sentia de encontrar aquele raro indivíduo realmente capaz de me ajudar, como o mendigo no rio. Eu queria me manter longe das pessoas mas também desejava achar uma saída da minha situação. Por isso, precisava estar extremamente alerta. O equilíbrio entre a cautela e a necessidade de assumir riscos caracterizou o restante da minha jornada.

Comecei a abordar pessoas com um pouco mais de frequência. A certa altura, quando caminhava por uma das ruas do meu novo bairro, deparei com um menino mais ou menos da minha idade que falava em voz alta consigo mesmo ou com ninguém específico. Ao me ver observando-o, ele disse oi para mim e nós conversamos timidamente por algum tempo. Parecia conhecer mais palavras que eu, falar mais como um adulto, de modo que provavelmente frequentava a escola. Mas foi amigável comigo e nós brincamos juntos na rua por um bom tempo. Depois, ele me disse que eu podia ir com ele para casa. Embora apreensivo, eu o segui.

Quando chegamos lá, ele me apresentou à mãe e eu lhes contei uma parte do que tinha acontecido comigo. A mãe disse que eu podia comer com eles e talvez ficar ali até que encontrassem alguém capaz de me levar de volta para casa. Minha desconfiança se desfez diante do que parecia ser uma genuína preocupação comigo. Eu não conseguia imaginar aquela mulher amigável me fazendo algum mal, e essa era minha chance de sair das ruas. Mesmo o pouco tempo que passei na casa daqueles ferroviários tinha sido suficiente para que eu me desacostumasse a dormir ao relento — agora eu queria passar mais tempo dentro, não fora de casa. Eu me sentia muito feliz por estar em um lar, onde havia comida e abrigo.

No dia seguinte, a mãe me disse que eu podia sair com ela e o filho, e caminhamos até uma lagoa nas proximidades, onde os moradores da região lavavam roupa. Enquanto ela lavava as roupas, eu e o menino nos limpamos. Eu usava o mesmo short preto e a mesma camisa branca de mangas curtas desde que tinha me perdido, e devia estar muito sujo. Adorava entrar na água em lugares onde não precisasse saber nadar, e, como de costume, poderia ter ficado lá para sempre. Mas o dia ia passando, e meu novo amigo saiu da água, se secou e vestiu a roupa, e a mãe começou a me chamar para que me juntasse a eles. Talvez por ter esquecido os hábitos familiares e o respeito devido à autoridade das mães, continuei brincando na água, sem querer ir embora. Ela rapidamente perdeu a paciência e atirou uma pedra na minha direção, que por um triz não me acertou. Comecei a chorar, e ela pegou o filho e se foi.

Não lembro exatamente o que senti, lá de pé na parte mais rasa da lagoa. Será que havia entendido errado? Será que, ao ficar dentro d'água, eu tinha dado a entender que não queria acompanhá-los? Minha mãe jamais teria jogado uma pedra em mim, mesmo que eu me comportasse mal. Mas aquela mulher tinha voltado as costas para mim com a mesma facilidade com que havia me acolhido em sua casa. Será que as pessoas na cidade grande simplesmente eram assim?

Embora tivessem me deixado sozinho de novo, encontrar aqueles dois havia sido, ainda assim, uma experiência positiva: além de terem me oferecido outra refeição de verdade e um lugar confortável para dormir, eu tinha descoberto que talvez houvesse mais pessoas capazes de entender o que eu dizia, ao menos mais do que eu havia pensado de início. E, não muito tempo depois, encontrei outra.

Um dia, eu estava em frente a uma loja do meu novo bairro esperando para ver se conseguia algo para comer, quando um garoto da idade do meu irmão Guddu veio na minha direção empurrando um carrinho de mão com mercadorias. Não tenho ideia do que o levou a me notar, mas ele me disse alguma coisa que não entendi. Não era nada agressivo, por isso eu não tive medo; só fiquei ali, parado, olhando para ele enquanto se dirigia a mim. Então o garoto falou mais pausadamente, perguntando a mim o que estava fazendo e qual era o meu nome.

Conversamos por um tempinho e, quando confessei que estava perdido, ele me convidou para ir ficar com sua família. Talvez eu tenha hesitado, pensando que ele poderia me fazer algum mal ou me abandonar depois, como a mãe daquele menininho tinha feito, mas acabei indo com ele. Era um risco, mas continuar na rua também era, e essa calculadora de riscos subconsciente chamada instinto me dizia que aquele garoto tinha boas intenções.

Meus instintos estavam certos. Ele era muito amigável, e fiquei na casa de sua família por vários dias. Às vezes eu saía com ele e o ajudava no trabalho, que consistia em transportar mercadorias no carrinho, carregando-as e descarregando-as. Ele era paciente e parecia cuidar de mim. E logo soube que ele estava fazendo muito mais por mim do que isso.

Um dia, o garoto começou a falar comigo de um jeito diferente, mais adulto, mais sério. Ele disse que me levaria a um lugar onde talvez eu conseguisse ajuda, e então fomos à cidade juntos. Ele me levou até uma grande delegacia, cheia de policiais. Ao ver o lugar, resisti imediatamente. Seria uma cilada? Será que ele queria que me prendessem? O jovem me acalmou, prometendo a mim que os policiais não me fariam mal nenhum, que tentariam encontrar minha casa e minha família. Não entendi muito bem o que estava acontecendo, mas o acompanhei. Ele conversou com os policiais por algum tempo, depois voltou e me disse que deveria ficar sob os cuidados da polícia. Eu não queria que ele fosse embora, e ainda tinha muito medo da polícia, mas a confiança que eu depositava no garoto era forte o bastante para me fazer ficar. Eu estava triste e assustado quando nos despedimos, mas ele disse que tinha feito tudo o que podia para me ajudar e que esse era o melhor jeito de encontrar o caminho de casa. Espero ter agradecido a ele.

Logo depois que o adolescente saiu, fui levado até a carceragem, nos fundos da delegacia, onde fui trancado numa cela. Não tinha ideia se as coisas estavam mudando para melhor ou pior. Eu não sabia naquele momento, mas a verdade é que aquele garoto tinha salvado minha vida, de forma tão literal quanto aquele mendigo na margem do rio.

Às vezes, imagino o que teria acontecido comigo se ele não tivesse me levado para sua casa ou se eu tivesse me recusado a confiar nele. Talvez outra pessoa acabasse fazendo o mesmo, ou talvez alguma instituição dedicada a ajudar meninos de rua acabasse me recolhendo. Porém, o mais provável é que eu morresse na rua. Hoje em dia, a cidade de Kolkata tem algo em torno de cem mil crianças de rua, e muitas delas morrem antes de chegar à idade adulta.

É claro, não sei dizer com certeza quais eram as intenções daquele homem que o ferroviário havia chamado nem o que aconteceu às crianças levadas à força da estação naquela noite em que eu dormia perto delas, mas tenho quase certeza de que enfrentaram horrores muito maiores do que eu jamais encarei. Ninguém sabe quantas crianças indianas já foram vítimas do tráfico humano, seja sexual, de escravos ou até mesmo de órgãos, mas todos esses mercados são muito prósperos, pois há poucos policiais e muitas crianças.

Apenas dois anos depois do meu período nas ruas, começaram os famosos assassinatos do "Homem de Pedra" em Calcutá, seguindo os mesmos acontecimentos de Bombaim. Alguém assassinava moradores de rua à noite, principalmente perto da grande estação de trem da cidade, deixando cair uma pedra grande ou um bloco de concreto na cabeça das pessoas enquanto dormiam. Treze pessoas morreram durante um período de seis meses e ninguém chegou a ser responsabilizado (embora os assassinatos tenham cessado depois que a polícia prendeu um suspeito com distúrbios psicológicos). Tivesse eu continuado na rua, é bem possível que não estivesse vivo hoje, e com certeza não estaria escrevendo este livro.

Apesar de ter tantas recordações que eu gostaria de apagar da memória, uma coisa que sempre desejei me lembrar era do nome daquele garoto.

Naquela noite, dormi na carceragem da polícia. Na manhã seguinte, alguns policiais vieram e me tranquilizaram dizendo que eu não estava preso nem corria perigo e que tentariam me ajudar. Não me sentia confortável com a situação de modo algum, mas aceitei o que eles disseram. Foi meu primeiro passo na jornada que me fez cruzar meio mundo.

Deram-me comida e depois me puseram em um grande furgão com outras crianças, tanto mais velhas quanto mais novas que eu. Atravessamos a cidade e chegamos a um edifício onde alguns sujeitos com aparência de oficiais nos deram almoço e algo para beber. Eles me fizeram muitas perguntas e, embora eu não compreendesse tudo o que diziam, estava claro que queriam saber quem eu era e de onde tinha vindo. Contei-lhes tudo o que consegui, e eles registraram minhas respostas em muitos formulários e documentos. "Ginestlay" não significava nada para eles. Eu me esforcei para me lembrar do nome do lugar onde havia embarcado no trem, mas só soube dizer que meus irmãos o chamavam de algo parecido com "Burampour", "Birampur" ou "Berampur"...

Embora tomassem notas, eles não tinham nenhuma esperança real de encontrar esses nomes mal recordados, de locais minúsculos que podiam ficar em qualquer lugar do país. Eu sequer me lembrava do meu nome todo. Era apenas "Saroo". No fim das contas, sem saberem quem eu era ou de onde tinha vindo, fui classificado como "Perdido".

Após terminarem de me interrogar, fui levado em outro furgão a um segundo edifício, um lar que disseram ser para crianças como eu, que não tinham aonde ir. Estacionamos em frente a uma porta enorme de metal enferrujado, semelhante ao portão de uma prisão, com uma pequena entrada na parede contígua. Fiquei imaginando se sairia daquele lugar caso entrasse por aquela porta. Mas eu já tinha chegado até ali e não queria voltar para as ruas.

Lá dentro, havia um conjunto de grandes edifícios conhecido como "o lar". O prédio para o qual fui levado era imenso — dois andares com centenas, talvez milhares de crianças que brincavam ou se reuniam em grupos, sentadas. Fui conduzido a um enorme salão com fileiras e mais fileiras de beliches que se estendiam ao longo do espaço. Lá longe, bem no fundo, havia um banheiro comunitário.

Mostraram-me um beliche com um mosquiteiro, que eu dividiria com uma menininha, e me deram comida e bebida. À primeira vista, o lar era como eu imaginava uma escola, mas essa escola tinha salas com camas e as pessoas moravam nela, um pouco mais como um hospital ou mesmo uma prisão. Com o passar do tempo, é claro, o lugar passou a se parecer mais com uma prisão que com uma escola, porém, de início, eu me sentia feliz por estar ali, onde tinha abrigo e comida.

Logo descobri que havia um segundo salão em cima do meu, com tantos beliches quanto e também cheio de crianças. Não era raro dormirem três ou quatro numa cama, e às vezes nos mudavam de lugar, de modo que acabávamos compartilhando o beliche com crianças diferentes ou dormindo no chão, se o lar estivesse muito cheio. Os banheiros não eram lavados com frequência. O lugar inteiro era assustador, sobretudo à noite, quando era bem fácil imaginar fantasmas se escondendo em cada canto.

Hoje me pergunto se o clima do lugar seria, de algum modo, consequência das experiências pelas quais muitas crianças dali passaram. Algumas foram abandonadas pela família, outras sofreram maus-tratos em casa e foram levadas pelas autoridades. Comecei a me sentir um dos mais sortudos ali. Eu estava subnutrido, mas não a ponto de estar doente, enquanto via crianças sem pernas ou braços, e algumas delas sem nenhum membro. Outras tinham ferimentos horríveis e algumas não conseguiam falar ou eram mudas. Eu já tinha visto pessoas com deformidades antes e até deficientes mentais que gritavam a esmo ou faziam coisas estranhas, principalmente nas ruas próximas à estação. Mas sempre conseguia evitá-las, se algo nelas me deixasse com medo. No lar, não dava para fugir — eu vivia na companhia de crianças com todo tipo de problema, inclusive algumas delinquentes e violentas que não tinham idade suficiente para serem presas. Algumas eram quase adultas.

Mais tarde, vim a saber que o lugar era uma casa de detenção de menores, conhecida como Liluah. Abrigava crianças com todo e qualquer tipo de problema, inclusive crianças perdidas, mas também deficientes mentais e ladras, assassinas e integrantes de gangues. Na época, entretanto, tudo o que eu enxergava era um ambiente desolador, onde se acordava no meio da noite com alguém gritando ou um monte de crianças chorando de medo. O que seria de mim ali? Por quanto tempo ainda teria de viver nesse lugar terrível?

Mais uma vez, tive de aprender a sobreviver. Da mesma forma que eu havia sido perseguido por garotos na rua, no lar também fui amolado por meninos mais velhos. Não ter muito vocabulário me tornava vulnerável, e, por ser pequeno e relativamente indefeso, eu despertava neles instintos de dominação e brutalidade. Garotos maiores me insultavam e zombavam de mim, depois me empurravam e, se eu não conseguisse fugir, me batiam. Logo aprendi a ficar longe de certas áreas nas horas de recreio. Os funcionários não gostavam de intervir, mas, quando o faziam, a punição era aplicada sem que se considerasse quem era o culpado: eles nos açoitavam com uma vara comprida e fina que feria duplamente, pois a ponta era bipartida e beliscava a pele ao contato.

Havia outros perigos também, que eu escapava mais por sorte que por precaução. O Liluah era cercado de muros altos, mas me lembro de ver pessoas os escalando e entrando nas instalações. Nunca vi nem ouvi o que elas faziam, mas crianças corriam chorando para fora do prédio antes de os invasores escaparem. Não sei se os funcionários não se importavam ou se eram impotentes para nos proteger, mas o lugar era grande e, suponho, conhecido como lar de crianças. O tipo de pessoa que tentou me capturar quando eu morava nas ruas claramente não se deixava deter por muros e portões. Essa é mais uma das coisas que poderia ter acontecido comigo e na qual sempre procurei não pensar muito, mas é difícil não ficar triste por aqueles que não tiveram a mesma sorte que eu. Esse sentimento se intensificou à medida que fui ficando mais velho, talvez por eu ter aprendido mais sobre o mundo e tomado maior consciência da sorte imensa que tive. Hoje, sei que poucas crianças são retiradas das ruas, e muitas destas têm um longo caminho de sofrimento pela frente.

Nas poucas semanas em que estive no lar Liluah, vi algumas crianças saírem pela pequena porta no muro, mas eu nunca soube com certeza por que as deixaram ir ou aonde estariam indo. Talvez alguém tivesse encontrado a família delas. Eu tentava imaginar o que acontecia às mais velhas, que atingiam a idade adulta ali dentro. Talvez fossem levadas a outro lugar, ou simplesmente fossem largadas na rua quando chegavam a uma determinada idade.

Eu rezava para estar entre as crianças que iam embora antes disso, fosse como fosse.

E acabei entre elas. Embora na época eu não soubesse o motivo, o fato é que, mais ou menos um mês após minha chegada, como ninguém tinha ido à polícia me declarar como perdido e minha origem era desconhecida, as autoridades decidiram me transferir para um orfanato. Tudo o que sei é que fui convocado a comparecer à direção, onde me informaram que eu seria enviado a outro lar, muito melhor. Fui dispensado para tomar banho, e me deram roupas novas. Como sempre, fiz o que me mandaram fazer. Disseram que eu tinha muita sorte. E, embora parecessem não ter encontrado minha família, realmente me senti muito sortudo por ir embora daquele lugar que eu já considerava um verdadeiro inferno.

A Sra. Sood, da Indian Society for Sponsorship and Adoption (ISSA), viria a se tornar uma figura importante na minha vida.

Ela me explicou que as autoridades não faziam a menor ideia de quem eu era nem de onde minha família morava. A Sra. Sood me disse que tentaria encontrá-los em lugares que pudessem corresponder ao tal "Berampur" de que havia lhes falado. Nesse meio-tempo, eu viveria no seu orfanato, que se chamava Nava Jeevan.

Nava Jeevan — que, como vim a saber bem mais tarde, significa "vida nova" em hindi — de fato era um lugar bem mais agradável que a casa para menores Liluah e abrigava quase somente crianças pequenas como eu. Era um prédio azul de concreto com três andares, muito mais convidativo. Conforme entrávamos, pude ver algumas crianças espiando lá de dentro para ver quem chegava. Elas sorriam e fugiam quando a mulher que nos cumprimentou as enxotava. Vi o interior de alguns quartos quando passávamos por eles, onde raios de sol banhavam os beliches, que eram menos numerosos que nos longos salões do Liluah. As janelas tinham grades, mas eu já começava a entender que eram para nos proteger, não para nos aprisionar. Havia também cartazes nas paredes, o que tornava o ambiente muito mais amigável do que o de onde eu tinha vindo.

Embora a quantidade de crianças ali fosse menor, às vezes o lugar também ficava superlotado à noite e algumas tinham de dormir no chão. Isso significava que podíamos acordar encharcados do xixi de outra pessoa. Pela manhã, fazíamos uma higiene rápida com água bombeada de um poço perto da entrada do prédio e escovávamos os dentes com os dedos. Tomávamos um copo de leite quente e comíamos pão doce indiano ou alguns biscoitos de leite.

Geralmente, o lugar era tranquilo durante o dia, quando muitas crianças iam para a escola. Como eu nunca havia frequentado a escola, deixavam-me ali, por vezes sozinho. Passava muito tempo à toa na entrada do prédio, que era gradeada como uma gaiola. Do outro lado da rua havia uma lagoa, e eu gostava da vista. Depois de um tempo, conheci uma garota mais ou menos da idade de Guddu que morava do outro lado da lagoa, e às vezes ela vinha me visitar. De vez em quando, ela me passava algo de comer por entre as grades, e um dia me deu um colar com um pingente do deus com cabeça de elefante, Ganesha. Fiquei admirado. Era o primeiro presente que eu ganhava na vida. Mantinha-o escondido de todos, e de vez em quando o pegava para contemplá-lo, maravilhado. Mais tarde, aprendi que Ganesha também é chamado de Destruidor de Obstáculos e de Senhor dos Bons Inícios. Fico imaginando se foi por isso que a garota me deu aquele colar. (Além disso, Ganesha é o Patrono das Letras e, portanto, deste livro.)

O colar era mais que um mero objeto bonito que eu podia chamar de meu. Para mim, era uma demonstração concreta de que havia pessoas de bem no mundo que tentavam me ajudar. Tenho-o comigo até hoje e o considero um dos meus bens mais preciosos.

Assim como no lar para menores, também havia valentões no orfanato, mas eles não eram muito mais velhos que eu, e, assim, conseguia me safar. Em geral, eu me mantinha longe de problemas, mas certa vez uma menina decidiu fugir e me levou junto. Nunca tinha pensado em fugir, mas ela me arrastou nos seus planos e, um dia de manhã, atravessamos o portão correndo antes mesmo de eu saber o que estava acontecendo. Conseguimos chegar até uma barraca de doces que ficava mais adiante na mesma rua, onde o vendedor deu uma guloseima a cada um de nós para nos atrasar enquanto alertava os funcionários do Nava Jeevan a respeito do nosso paradeiro. Não me lembro de ter sofrido nenhuma punição. Na verdade, ninguém jamais apanhava no orfanato, muito menos de vara, embora pudéssemos levar uma reprimenda severa ou ser postos de castigo num canto por causa de algum mau comportamento.

Não demorou muito até que a Sra. Sood me dissesse que, apesar de todos os esforços, eles não conseguiram encontrar minha casa nem minha família e que não havia mais nada a fazer. A Sra. Sood era muito amigável, e acredito que estivesse mesmo tentando ajudar, mas, segundo me disse, eles não encontraram minha mãe em Berampur. Por isso, tentariam encontrar outra família com a qual eu pudesse viver. Enquanto me esforçava para entender o que ela queria dizer, comecei a enxergar a dura verdade: a Sra. Sood estava me dizendo que eu nunca mais voltaria para casa.

Uma parte de mim já tinha aceitado isso. Aquele desespero incrédulo de voltar para casa, que eu sentia logo que me perdi — aquela sensação de que, se o mundo não voltasse aos eixos imediatamente, eu não conseguiria sobreviver, não conseguiria sequer existir —, já desaparecera havia tempo. O mundo agora era o que eu via ao meu redor, a situação em que me encontrava. Talvez já tivesse aprendido algumas lições que meus irmãos aprenderam quando começaram a se virar longe de casa, embora eu fosse mais novo e não contasse com a segurança de ter minha mãe por perto. Havia me concentrado no que precisava fazer para sobreviver, e isso envolvia o que estava diante de mim, não o que havia ficado distante. Ainda que me perguntasse por que os adultos não conseguiam simplesmente encontrar o trem correto que me levasse de volta ao lugar de onde tinha vindo e estivesse triste com as notícias da Sra. Sood, não me lembro de ter ficado arrasado diante delas, apesar do caráter definitivo.

A Sra. Sood me disse que muitas famílias estrangeiras ficavam felizes em levar crianças indianas perdidas para viver com elas, e achou que poderia encontrar uma nova família para mim, se eu quisesse. Não sei se entendi direito a proposta e não pensei muito nela.

Mas, depois de passar apenas quatro semanas no Nava Jeevan, fui conduzido até a sede do ISSA, onde a Sra. Sood me falou que encontraram um pai e uma mãe dispostos a me levar para a casa deles. Eles viviam em outro país: Austrália. Ela me disse que era um país com o qual a Índia jogava críquete, e me lembrava de já ter ouvido esse nome antes, mas era tudo o que eu sabia sobre a Austrália. A Sra. Sood ainda me disse que dois meninos que eu conhecia e que tinham ido embora recentemente — Abdul e

Musa — foram para lá, e uma menina de quem eu era amigo — Asra — também tinha sido escolhida por um casal australiano. A Austrália era um bom lugar que estava ajudando as crianças pobres e sem família e lhes dando oportunidades que a maioria das crianças da Índia jamais teriam.

De volta ao Nava Jeevan, eu e Asra recebemos um lindo álbum de fotografias pequeno e vermelho feito pelas pessoas que se ofereciam para serem nossas novas famílias. Dentro, havia fotos delas, da casa e de outros aspectos da vida — folheei o meu de olhos arregalados. As pessoas eram muito diferentes daquelas com que estava acostumado — eram brancas! E tudo ao redor delas era brilhante, limpo e novo. Algumas daquelas coisas eu nunca tinha visto antes, e os funcionários explicavam a nós dois o que eram, traduzindo as legendas em inglês. No meu álbum, lia-se: "Esse é seu pai lavando o nosso carro, com o qual visitaremos muitos lugares." Eles tinham um carro! "Essa é a casa que será nosso lar." Era muito grande, tinha um monte de janelas de vidro e parecia novinha em folha. O livro tinha até meu nome: "Querido Saroo." Os dois, segundo me disseram, se chamavam Sr. e Sra. Brierley.

Havia também a foto de um avião ("Esse avião o levará à Austrália") que me deixou fascinado. Na minha cidade, eu já tinha visto aviões voando bem alto no céu, deixando um rastro de fumaça, e sempre havia me perguntado como seria se sentar em um avião sobre as nuvens. Se concordasse em ir morar com aquelas pessoas, eu descobriria.

Foi uma experiência avassaladora. Asra estava muito empolgada e toda hora pedia que nos mostrassem os álbuns, que ficavam com os funcionários do orfanato por segurança. Ela se sentava comigo, abria o seu, indicava uma foto e dizia "Essa é a minha nova mamãe" ou "Essa é a minha nova casa". Então eu entrava na brincadeira e dizia "Essa é a *minha* nova casa" ou "Esse é o carro do *meu* novo papai". Incentivávamo-nos um ao outro, e o entusiasmo de Asra me contagiou. Era como se eu tivesse um livro de histórias todo sobre mim, ainda que eu não estivesse nele. Era difícil acreditar que aquilo era verdade. Tudo o que eu sabia sobre a Austrália estava naquele livro vermelho, mas na verdade eu não conseguiria pensar em mais nada para perguntar.

No Nava Jeevan, toda criança chorava de vez em quando por causa dos pais perdidos. Alguns abandonaram os filhos, outros morreram. Eu simplesmente não sabia onde meus pais estavam e ninguém conseguia encontrá-los para mim. Todos nós, porém, tínhamos perdidos a família e não havia o que fazer quanto a isso. Agora me ofereciam a chance de me juntar a outra família. Asra já falava da sua com entusiasmo.

Não sei se me deram alguma escolha, e tenho certeza de que teriam me persuadido um pouco se eu expressasse dúvidas. Mas não foi necessário. Eu sabia que não haveria muito o que fazer se não aceitasse aquela oportunidade. Voltar para o lar onde eu era importunado? Retornar às ruas e testar minha sorte? Continuar procurando por um trem que nem os adultos conseguiam encontrar?

Eu disse a eles que queria ir.

Todos ficaram tão felizes por eu ter aceitado me juntar à nova família que acabei me contagiando com a alegria geral: imediatamente, todas as minhas reservas desapareceram. Fui informado de que iria para a Austrália muito em breve, onde conheceria meus novos pais, e viajaria em um avião igualzinho ao da foto.

Asra e eu tínhamos mais ou menos a mesma idade, mas todas as outras crianças que iam para a Austrália eram recém-nascidas ou bebês. Não sei se a experiência era menos ou mais assustadora para os mais novos — será que entendiam alguma coisa do que estava acontecendo?

Um dia, nos deram banho e nos vestiram com roupas melhores. Alguns meninos foram colocados em um táxi e algumas meninas, em outro. Os meninos foram para a casa de uma mulher que nos mandaram chamar de titia Ula. Tinha a pele branca e era natural da Suécia, embora isso, é claro, não significasse nada para mim, mas nos deu as boas-vindas em hindi. Ela morava na melhor casa que eu já tinha visto, com móveis, cortinas e carpete que aparentavam riqueza — mais ou menos como nas fotos do meu álbum vermelho. Nós nos sentamos a uma mesa de jantar e me apresentaram talheres pela primeira vez, ensinando-me como usá-los corretamente — até então, eu só havia comido com as mãos. Também aprendemos algumas regras de etiqueta, como, por exemplo, não se levantar e se inclinar para pegar alguma coisa e se sentar com as costas retas. A visita à casa da titia Ula aumentou a empolgação em torno da aventura em que estávamos por embarcar.

Não recebemos aulas de inglês, embora no Nava Jeevan houvesse um alfabeto ilustrado na parede em que se lia "A is for Apple" e assim por diante. Acho que me ensinaram a dizer "Hello", mas não havia tempo para muito além disso, pois eu devia embarcar quase de imediato. Estava partindo para um lugar que, segundo me disseram, ficava muito longe, num ponto distante do mundo. Ninguém falava sobre eu voltar, e as pessoas não pareciam se preocupar com isso.

Todos achavam que eu tinha muita sorte.

Assim, deixei a Índia poucos dias após me informarem sobre minha adoção (apenas uns dois meses depois de chegar ao orfanato, o que hoje em dia, com todas as regulamentações existentes, jamais aconteceria). Para a viagem, eu e as outras cinco crianças do Nava Jeevan nos juntamos a mais duas que vinham de outro orfanato. Após uma escala em Bombaim (que, naquela época, ainda não era conhecida como Mumbai), voaríamos primeiro até Cingapura e, em seguida, até Melbourne, onde nos encontraríamos com nossas novas famílias. A nova família de Asra morava em Victoria e a minha, os Brierleys, a uma segunda viagem de distância, na Tasmânia.

Fiquei triste quando soube que tínhamos de nos despedir da Sra. Sood — três voluntárias australianas e um funcionário do governo australiano nos acompanhariam no voo. Eram todos muito amigáveis e, embora não conseguíssemos nos comunicar muito, a empolgação da viagem bastava para dissipar qualquer preocupação.

Eu já estava nas nuvens quando por fim embarquei naquele avião enorme. Parecia impossível que uma coisa tão grande, com tantas poltronas, conseguisse voar, mas não me lembro de ter ficado preocupado. Cada um de nós ganhou uma barra de chocolate, um luxo extraordinário para mim, que, com cuidado, fiz durar a viagem inteira. Conversamos, depois assistimos a um filme usando fones de ouvido. Fiquei fascinado com o plugue localizado no braço da poltrona e com a possibilidade de controlar os canais e o volume. Comemos tudo o que nos foi oferecido, tudo o que estava naquelas embalagens com tampa de alumínio — o fato de as pessoas me trazerem comida já parecia o início de uma nova vida. Suponho que tenhamos dormido.

Em Bombaim, passamos a noite em um hotel, o que nos trouxe novas e assombrosas experiências. Provavelmente, era só um hotel mediano para os padrões ocidentais, entretanto, era o lugar mais luxuoso que eu já tinha visto. O aroma do quarto era agradável, e eu nunca havia dormido em uma cama tão macia e limpa em toda a minha vida. Mesmo com a agitação de tudo o que estava acontecendo, tive a melhor noite de sono em meses. Fiquei maravilhado com o banheiro, com sua ducha e sua privada reluzentes. Nas imediações do hotel, vi mais pessoas brancas do que jamais tinha visto num só lugar; e, embora seja constrangedor admiti-lo, tudo o que me lembro de ter pensado é em como pareciam ricas. Eram tantas novidades acontecendo ao meu redor que não sei se me dava conta de que logo estaria morando com pessoas de pele branca como aquelas.

No dia seguinte, ganhei um novo short branco e uma camiseta em que se lia "Tasmania". A roupa havia sido enviada pelos meus futuros pais, e eu devia usá-la no avião para a Austrália. Fiquei encantado com meu visual. Como se não bastasse, ainda nos levaram a uma loja de brinquedos perto do hotel, onde cada um de nós foi convidado a escolher um brinquedo — suponho que houvesse um limite de preço, mas não me lembro de terem me dito isso. Ainda guardo comigo o carrinho que escolhi, com seu mecanismo de fricção que o fazia atravessar o quarto.

Hoje sei que viajar de Calcutá a Bombaim tinha significado passar muito perto da minha cidade, só que a nove mil metros de altitude. O avião em que eu estava deve ter deixado um daqueles rastros de fumaça que eu costumava contemplar com tanto fascínio. Fico imaginando se minha mãe, sem sabê-lo, não teria olhado para o alto bem na hora e visto meu avião espalhando sua trilha. Ela teria ficado completamente assombrada se soubesse que eu estava a bordo e aonde estava indo.

5

VIDA NOVA

Aterrissamos em Melbourne na noite de 25 de setembro de 1987. Nosso grupo de crianças foi levado a uma área VIP do aeroporto, onde nos disseram que nossas novas famílias estariam a nossa espera.

Eu estava com muita vergonha ao adentrar a sala. Havia um monte de adultos, todos nos observando enquanto entrávamos, mas imediatamente reconheci os Brierleys das fotos que eu havia examinado inúmeras vezes no meu álbum vermelho. Tentei sorrir ali de pé, e baixei o olhar para o que restava da barra de chocolate na minha mão.

Um dos acompanhantes me conduziu através da sala, e a primeira palavra que eu disse aos meus novos pais foi "Cadbury". Na Índia, Cadbury é sinônimo de chocolate. E, depois de nos abraçarmos, mamãe assumiu imediatamente o papel de mãe sacando um pano para limpar minha mão.

Como eu não falava quase nada de inglês e meus novos pais não sabiam falar hindi, não conseguíamos conversar. Então, em vez disso, nós nos sentamos juntos e olhamos o álbum vermelho que eles me enviaram. Mamãe e papai indicaram a casa onde moraríamos e o carro no qual iríamos até lá, e começamos a nos acostumar à companhia uns dos outros, tanto quanto possível. Suponho, também, que eu tenha sido uma criança difícil de conquistar — cautelosa e reservada depois de tudo pelo que havia passado. Pode-se ver isso pela minha expressão nas fotos — não especialmente apreensivo ou ansioso, apenas um pouco retraído, esperando para ver o que aconteceria. Mas, apesar de tudo, logo de início eu soube que estava seguro com os Brierleys. Era apenas uma intuição — eles tinham um jeito calmo, gentil, e havia no sorriso deles um calor humano que me tranquilizava.

Também me acalmei ao ver a alegria com que Asra interagia com sua nova família. Pouco depois, ela deixou o aeroporto na companhia deles, e suponho que a gente tenha se despedido da maneira apressada como crianças costumam fazer. Minha família, porém, tinha outro pequeno voo pela frente, de Melbourne a Hobart, atravessando o estreito de Bass. Assim, nossa primeira noite juntos foi no hotel do aeroporto, onde dividimos um quarto.

Mamãe me levou direto para o banho, onde me ensaboou dos pés à cabeça e depois me enxaguou, para matar piolhos e tudo o mais. Eu estava em condições muito diferentes das crianças australianas. Além dos parasitas externos, descobriu-se que eu tinha uma solitária no intestino, dentes quebrados e sopro no coração (que, felizmente, logo passou). Ser pobre na Índia tinha suas consequências para a saúde, e viver nas ruas agravava a situação ainda mais.

Dormi profundamente naquela primeira noite na Austrália — claramente, eu já estava me acostumando a hotéis. Quando acordei na noite seguinte, vi que mamãe e papai me observavam da cama deles, esperando que eu acordasse. De início, tudo o que fiz foi permanecer debaixo dos lençóis olhando para eles. Mamãe conta que ainda guarda na memória uma nítida imagem daquela manhã. Da cama de casal, ela e o papai ergueram a cabeça para espreitar, do outro lado do quarto, o pequeno amontoado de lençóis de onde despontava um tufo de cabelo preto. De vez em quando, eu os espiava de lá. Mais tarde, quando eu ainda era pequeno, nos lembrávamos daquela primeira noite em família e eu dizia a eles: "Eu espiando, eu espiando."

Acho que nenhum de nós acreditou completamente que aquilo estivesse acontecendo — que aqueles estranhos seriam meus pais dali para a frente e eles, que aquele menino indiano passaria a ser seu filho.

Após o café da manhã, eu já estava em outro avião para o voo curto até Hobart, onde vi meu novo país pela primeira vez sem ser dentro de um hotel ou aeroporto. Para olhos habituados às multidões e à poluição de um dos lugares mais populosos do mundo, tudo parecia tão vazio e tão *limpo* — as ruas, os edifícios e até os carros. Não havia vivalma de pele tão escura quanto a minha, embora, na verdade, não houvesse quase ninguém à vista. O lugar parecia praticamente deserto.

Dentro do carro, no caminho para os subúrbios de Hobart, vi uma cidade de palácios resplandecentes, entre os quais estava o meu novo lar. Eu o reconheci das fotos do álbum vermelho, mas parecia ainda maior e mais impressionante ao vivo. Lá dentro, havia quatro quartos para apenas três pessoas, todos muito organizados e limpos. Uma sala acarpetada, com sofás confortáveis e a maior TV que eu já tinha visto, um banheiro com uma grande banheira e uma cozinha com prateleiras repletas de comida. E uma geladeira. Eu adorava ficar de pé diante dela só para sentir o ar frio saindo de lá de dentro sempre que alguém abria a porta.

O melhor de tudo, porém, era o meu quarto — eu nunca havia tido um quarto só para mim. Ambas as casas onde havia morado na Índia tinham apenas um ambiente e, desde então, é claro, tinha vivido em dormitórios com outras crianças. Não me lembro de ter sentido medo de dormir sozinho — talvez, por ter morado nas ruas, eu já estivesse acostumado a isso. Entretanto, tinha medo de escuro, e por isso pedi que a porta do meu quarto ficasse aberta e que uma luz no corredor permanecesse acesa.

Sobre uma cama macia só minha, com um grande mapa da Índia colado na parede atrás dela, havia roupas novas e quentes, adaptadas ao clima frio da Tasmânia. E o chão estava repleto de caixas com livros ilustrados e brinquedos. Demorei até me dar conta de que eram para mim — todos eles — e de que podia olhá-los e brincar com eles o quanto quisesse. Fiquei desconfiado, talvez esperando que aparecesse algum garoto mais velho e levasse aquilo tudo embora. Precisei de algum tempo para me acostumar com a ideia de *ter coisas*.

Mesmo assim, de modo geral, eu me adaptei com facilidade ao estilo de vida ocidental, com a orientação de mamãe e papai; e eles disseram que tudo correu bem. No início, comíamos muita comida indiana, e mamãe foi me introduzindo aos poucos na dieta australiana. Havia grandes diferenças, e não apenas de sabor: mamãe se lembra de que, um dia, ao perceber que ela colocava um pedaço de carne vermelha na geladeira, eu corri até ela gritando: "Vaca, vaca!" Para uma criança criada no hinduísmo, abater um animal sagrado era um tabu. Por um instante, ela não soube o que fazer, mas então sorriu e disse: "Não, não, é só bife." Aparentemente, isso me acalmou. No fim das contas, a satisfação que eu sentia por ter comida em abundância ao meu alcance superou a maior parte dos problemas culinários ou culturais.

Um dos aspectos da vida na Austrália que logo de início me conquistou foi a experiência da vida a céu aberto. Na Índia, eu sempre estava em uma cidade, pequena ou grande — com frequência, livre para vagar, mas sempre cercado de edifícios, ruas e pessoas. Em Hobart, meus pais eram muito ativos, e me levavam para jogar golfe, observar pássaros e velejar. Papai muitas vezes me levava para velejar em seu catamarã para duas pessoas, o que aumentou ainda mais meu gosto por água, e finalmente aprendi a nadar. O simples fato de poder contemplar o horizonte já me trazia paz de espírito. A Índia era tão sufocada pelo progresso que quase sempre era impossível enxergar qualquer coisa além de uma grande muralha de prédios — era como estar em um labirinto gigante. Algumas pessoas acham o burburinho das grandes cidades estimulante e revigorante, porém, as coisas mudam de perspectiva quando se está mendigando ou tentando chamar a atenção das pessoas. Portanto, depois que me acostumei ao espaço que Hobart proporcionava, passei a apreciá-lo imensamente.

Morávamos no bairro de Tranmere, perto do centro de Hobart, que fica do outro lado do rio. Cerca de um mês depois, comecei a frequentar a escola no bairro ao lado, Howrah. Somente anos mais tarde percebi a incrível coincidência. Dois meses antes de chegar à Austrália, eu sobrevivia nas ruas de Calcutá em uma área também chamada Howrah, que dá nome à enorme estação ferroviária da cidade e também a sua famosa ponte. A região homônima perto de Hobart é um lindo bairro residencial com praia, escolas, clubes esportivos e um grande shopping. Ao que parece, o nome lhe foi dado na década de 1830 por um oficial do Exército inglês que havia servido na capital de Bengala Ocidental e, ao se mudar para Hobart, tinha visto semelhanças nas encostas e no rio. Se havia alguma semelhança naquela época, hoje não há mais.

Eu adorava a escola. Na Índia, não há ensino público gratuito — eu provavelmente jamais teria frequentado escola nenhuma se não tivesse ido para Howrah, na Tasmânia. Assim como o restante da comunidade, meu colégio era um lugar tipicamente anglo-saxão, embora houvesse duas outras crianças de origem estrangeira. Eu recebia aulas extras de inglês junto com um estudante da China e outro também da Índia.

Embora tivesse me acostumado muito bem à mudança de cor das pessoas ao meu redor e à nova cultura, eu me destacava em relação aos outros, é claro, sobretudo por meus pais serem brancos. As outras crianças falavam de sua família, contavam que tinham vindo do interior do país ou de Melbourne e me perguntavam de onde eu era. Tudo o que conseguia dizer era: "Sou da Índia." Mas crianças são curiosas — elas queriam saber por que eu estava aqui em uma família branca. Mamãe desarmou boa parte dessas questões indo a um encontro de pais e alunos e contando a todos que eu era adotado. Isso pareceu satisfazer meus colegas de sala, que não me fizeram muito mais perguntas daí em diante.

Não me lembro de ter sofrido nenhum tipo de racismo na escola. Mamãe, entretanto, conta que houve alguns incidentes, mas que eu não entendia direito o que estava acontecendo. Talvez essa fosse uma vantagem de ter de aprender a língua local do zero. Parece que, certa vez, eu perguntei a ela "O que é um 'preto boboca'?", o que a deixou aborrecida. Em outra ocasião, estávamos na fila para me inscrever em um time de um esporte qualquer e papai ouviu a mulher na frente dele dizer: "Não quero meu filho no mesmo time que aquele garoto negro." Não quero menosprezar comentários como esses, mas, em comparação ao que ouvi sobre as experiências de outros estrangeiros em países anglo-saxões, creio que a minha não foi muito ruim, e sempre senti ter crescido sem nenhuma cicatriz provocada pelo racismo.

Talvez não se possa dizer o mesmo de mamãe e papai. Segundo eles, nós provocávamos, sim, algumas reações negativas na Sociedade Cultural Indiana, uma instituição local que promovia jantares e bailes. Havia uma grande comunidade indiana em Hobart, com gente de Fiji e da África do Sul, além de pessoas da própria Índia, é claro, e por algum tempo frequentamos os eventos da sociedade e gostávamos deles. Mas meus pais notaram que éramos tratados com certa desconfiança, e então constataram que, por algum motivo, era considerado errado que uma criança indiana fosse tirada do país por um casal branco. É desnecessário dizer que eu não percebia nada disso.

Também estávamos envolvidos com a ASIAC, a Australian Society for Intercountry Aid (Children), que ajudava as pessoas a adotar crianças de outros países. Mamãe era bastante engajada. Ajudava outras famílias australianas com os procedimentos, que mudavam constantemente e com os desafios pessoais que tinham de enfrentar. Através dessa organização, conheci outras crianças que vieram do exterior para a Austrália e agora viviam em famílias multirraciais. Mamãe conta que, no nosso primeiro piquenique da ASIAC, fiquei surpreso — e talvez um pouco aborrecido — por descobrir que não era a única criança "especial" em Hobart. A despeito dessa lição de humildade, fiz amigos lá. Um deles era Ravi, outro garoto indiano, que vivia com sua nova família em Launceston. Nós os visitávamos, assim como eles o faziam, naqueles primeiros anos.

A ASIAC também me fez retomar o contato com outras crianças do Nava Jeevan. Minha melhor amiga, Asra, tinha ido viver com uma família na cidade de Winchelsea, à margem do rio, no estado de Victoria, e nossos pais nos faziam manter contato por telefone. Um ano após minha chegada, nós nos encontramos em Melbourne, com outras duas crianças indianas adotadas e levadas para a Austrália — Abdul e Musa —, para irmos ao zoológico. Fiquei radiante de ver aqueles rostos familiares, e comparamos nossas novas experiências com as que havíamos tido no orfanato. Embora não fosse exatamente um lugar horrível, acredito que nenhum de nós tivesse vontade de voltar para lá. A impressão que tive foi de que todas as outras crianças estavam tão felizes quanto eu.

Mais tarde, naquele mesmo ano, a própria Sra. Sood veio a Hobart, acompanhando uma nova menina adotada, Asha, de quem eu me lembrava do orfanato. Rever a Sra. Sood me deixou feliz — ela havia cuidado bem de nós e, até minha partida da

Índia, provavelmente foi a pessoa mais amigável e confiável que conheci desde que eu tinha me perdido. Gosto de pensar que, da parte dela, deve ter sido gratificante ver que algumas das crianças que havia ajudado estavam bem no novo ambiente. A Sra. Sood lidava com uma grande carga de traumas no trabalho, mas sempre pensei que as recompensas deviam ser igualmente grandes. Algumas adoções talvez não tivessem dado tão certo quanto a minha, mas visitar ocasionalmente as crianças para quem ela havia encontrado uma nova família era algo que devia dar à Sra. Sood a energia necessária para prosseguir com o trabalho.

Quando eu tinha 10 anos, mamãe e papai adotaram outra criança da Índia. Eu me sentia entusiasmado com a ideia de ter um irmão ou uma irmã. De fato, a pessoa de quem eu mais sentia falta dentre os meus familiares da Índia era minha irmã, a ponto de, quando me perguntavam o que eu queria de Natal, às vezes eu dizer: "Quero Shekila de volta." É claro que eu sentia muita saudade da minha mãe, porém, desde o início, mamãe desempenhou sua função de forma excepcional, e, além disso, ter um pai presente era algo que me fazia muito feliz. Eles não tinham como substituir minha mãe biológica, mas compensaram essa perda tanto quanto podiam. A única figura verdadeiramente ausente na minha vida, sobretudo para alguém acostumado a permanecer longos períodos longe dos pais, era a de um irmão ou uma irmã.

Shekila havia sido minha responsabilidade especial. Era o membro da família com quem eu era mais intimamente ligado e que mais me perseguia nas minhas memórias — mamãe conta que, às vezes, eu lamentava não ter cuidado dela tão bem quanto poderia. Talvez eu me referisse especificamente à noite em que fui embora com Guddu.

Quando mamãe e papai se registraram para adoção pela primeira vez, não impuseram restrição de sexo nem nenhuma outra condição ao preencher o formulário. Ficariam felizes com qualquer criança que precisasse de um lar; foi assim que me encontraram. Então eles fizeram exatamente o mesmo da segunda vez. Poderíamos ter arranjado uma garotinha ou uma criança mais velha que eu, mas o destino quis que ficássemos com meu irmãozinho, Mantosh.

Não me importava que ele não fosse menina — a ideia de ter outra criança com quem brincar em casa era o bastante para mim. Além disso, presumindo que ele fosse calmo e tímido como eu, pensei que poderia ajudá-lo a se adaptar a sua nova vida. Seria alguém de quem eu ajudaria a cuidar.

No entanto, Mantosh era muito diferente de mim, em parte por causa das diferenças naturais entre as pessoas mas também por causa das nossas experiências diferentes na Índia. Este é um dos fatores por que se pode dizer que quem adota uma criança, sobretudo do exterior, é corajoso: não raro, a criança adotada vem com um histórico problemático. Ela pode ter passado por sofrimentos que dificultam muito a readaptação e que podem ser muito complicados de sequer compreender, quanto mais de solucionar. Sempre fui um menino reticente e reservado. Já Mantosh, ao menos no início, era barulhento e desobediente. Eu queria agradar; ele, se rebelar.

O que tínhamos em comum era que também havia muitos elementos desconhecidos no passado de Mantosh. Ele também tinha crescido pobre e sem instrução formal, e também não sabia exatamente sua origem nem sua idade. Supostamente tinha 9 anos quando chegou e não possuía certidão de nascimento, histórico médico nem nenhum documento que indicasse sua origem. Celebramos o aniversário dele no dia 30 de novembro porque foi nesse dia que desembarcou na Austrália. Assim como eu, era como se simplesmente tivesse brotado da terra; mas, felizmente para ele, foi parar nas mãos dos Brierleys, em Hobart.

A história, tal qual a conhecemos, é a seguinte: Mantosh nasceu em algum lugar perto de Calcutá e cresceu falando bengali. Sua mãe fugiu da violência que sofria em casa, deixando-o para trás. Ele, então, foi viver com a frágil avó, mas, como ela não tinha condições de cuidar direito nem de si mesma, quanto mais de um menino pequeno, entregou-o ao Estado para adoção, e ele acabou indo parar na ISSA, a agência de adoção da Sra. Sood, assim como havia acontecido comigo. As normas indianas determinavam que um órfão podia viver num orfanato da ISSA por dois meses, enquanto eram feitas tentativas de devolvê-lo à família ou arranjar uma adoção. A Sra. Sood ficou empolgada com a ideia de deixá-lo com os Brierleys para que eu ganhasse um irmão.

Mas o processo de adoção de Mantosh não foi tranquilo como o meu. Como *tinha* pais, ainda que não pudesse voltar para eles — o paradeiro da mãe era desconhecido e o pai não o queria —, houve complicações para a adoção e várias tentativas de viabilizá-la deram errado. Com o término dos dois meses de permanência no orfanato, ele teve de ser transferido de volta ao Liluah — a intimidante casa de menores para onde eu também tinha sido enviado — enquanto a ISSA continuava tentando resolver o problema da adoção pela nossa família. No Liluah, Mantosh não teve a mesma sorte que eu. Ele sofreu agressões físicas e abuso sexual. Mais tarde, veio à tona a informação chocante de que ele também tinha sofrido abusos dos tios.

O complexo processo jurídico levou dois anos para ser concluído, e nesse intervalo de tempo ele obviamente passou por experiências que deixaram cicatrizes terríveis. O único fator positivo era que sabia mais inglês que eu, o que o ajudou na chegada à Austrália. O que aconteceu a Mantosh expunha os danos que um processo de adoção burocrático pode causar. Quando soube de seu passado, mais tarde, eu não conseguia parar de pensar nas noites que passei no lar infantojuvenil Liluah e em como o que aconteceu ao meu irmão poderia facilmente ter acontecido comigo.

Quando Mantosh chegou, ele parecia não saber exatamente o que uma adoção significava — não compreendia que tinha vindo para a Austrália permanentemente. Talvez não tenham lhe explicado a situação com clareza suficiente, ou talvez ele não tivesse tanta certeza quanto eu havia tido de que era a coisa certa a fazer. Quando começou a compreender que não voltaria para a Índia, seus sentimentos ficaram confusos — o que é compreensível em qualquer adoção e que também aconteceu comigo, embora com muito menos intensidade. Isso se uniu a uma instabilidade emocional sem dúvida causada pelos traumas que ele carregava. Na juventude, Mantosh costumava explodir de raiva sem nenhum motivo, e, mesmo sendo um garoto magro, podia ser forte como um homem. Eu nunca tinha visto nada semelhante àquilo, e infelizmente passei a encará-lo com certa desconfiança quando éramos pequenos. Mamãe e papai eram pacientes e amorosos, mas firmes, e tanto Mantosh quanto eu os admiramos ainda mais pela determinação para fazer de nós quatro uma família.

Mesmo assim, embora hoje eu compreenda a situação, na época aquilo tudo me inquietava. Por causa das dificuldades pelas quais passava, Mantosh exigia a maior parte da atenção dos nossos pais. Eu já estava razoavelmente adaptado então, mas ainda precisava de demonstrações de amor e carinho. Ter ciúmes de um irmão que recebe mais atenção em casa é natural, mas Mantosh e eu tínhamos inseguranças relacionadas ao nosso passado que provavelmente faziam com que reagíssemos com mais intensidade que o normal. Como resultado, certa noite cheguei a fugir de casa pouco depois de Mantosh chegar. Era uma prova do quanto eu tinha mudado — e do quanto havia aprendido sobre a resiliência e o amor familiares — o fato de não ter tentado viver nas ruas de novo. Muito mais típico de um garoto ocidental desejando testar o quanto os pais são comprometidos com ele, fui até o ponto de ônibus da esquina. Logo senti frio e fome, e voltei para casa. Mas, apesar das nossas diferenças, Mantosh e eu também nadávamos e pescávamos juntos, jogávamos críquete e andávamos de bicicleta como todos os irmãos.

Mantosh não gostava de ir à escola tanto quanto eu. Ele ficava frustrado e não se concentrava na sala de aula, embora ao menos compartilhasse de meu entusiasmo por esportes. Ao contrário de mim, ele parecia atrair comentários racistas, aos quais respondia e então acabava arranjando problemas. Isso incitava ainda mais os valentões, que o provocavam por pura diversão. Infelizmente, as professoras não eram muito preparadas para ajudar alunos em processo de adaptação a um novo estilo de vida. Para piorar, Mantosh, de início, não estava acostumado a obedecer a ordens de mulheres, um preconceito que ele havia aprendido com sua família indiana. Eu também tivera de me adaptar a algumas dessas diferenças culturais. Mamãe conta que, certa vez, foi me levar de carro a algum lugar e me ouviu dizer, mal-humorado: "Mulher não dirigir." Ela encostou o carro e respondeu: "Mulher não dirigir, menino ir a pé!" Com isso, aprendi a lição rapidamente.

Sei que mamãe sente um pouco de remorso por eu ter passado tanto tempo sozinho, o que não teria acontecido se Mantosh não precisasse de tanta atenção. Mas, apesar de às vezes ficar de mau humor, eu não me incomodava muito, talvez porque já estivesse acostumado a isso na Índia. Eu gostava da minha independência. E ainda fazíamos muitas coisas em família — íamos a um restaurante toda sexta-feira e fazíamos pequenas viagens pela região nos feriados escolares.

Certa vez, mamãe e papai planejaram uma grande viagem em família — viajaríamos à Índia juntos. No início, fiquei extremamente entusiasmado, e Mantosh pareceu ter gostado da ideia também — tínhamos passado a vida cercados de objetos indianos e pensávamos bastante sobre a Índia, então todos conversávamos com muita empolgação sobre as coisas que veríamos e faríamos. Obviamente, nenhum de nós sabia onde ficava nossa cidade de origem. Portanto, visitaríamos outros lugares e aprenderíamos mais sobre o país onde havíamos nascido.

Mas, conforme a data da viagem se aproximava, ambos começamos a nos sentir ansiosos. Não havia como evitar o fato de que nossas recordações da Índia não eram boas, e, quanto mais real se tornava a possibilidade de voltar ao país, mais vivas pareciam essas recordações. Uma série de coisas que tínhamos conseguido deixar para trás — ou pelo menos que havíamos tirado da cabeça — voltaram à tona em Hobart. Com certeza, eu não queria voltar a Calcutá, e comecei a ficar preocupado com a possibilidade de que qualquer outro lugar que visitássemos fosse minha cidade ou algum lugar que eu reconhecesse. Ainda tinha vontade de encontrar minha outra mãe, mas me sentia feliz onde estava — eu queria ambas as coisas. Isso me deixava confuso e cada vez mais aborrecido. E talvez, inconscientemente, ainda temesse me perder de novo. Mal consigo imaginar o que terá passado pela cabeça de Mantosh.

Por fim, nossos pais decidiram que a viagem provocaria emoções fortes demais e que, por ora, era melhor deixar as coisas como estavam.

6

A LONGA JORNADA DE MAMÃE

Eu não poderia escrever sobre minha jornada sem explicar como meus pais chegaram à decisão de adotar duas crianças da Índia. E não foram duas crianças específicas — conforme mencionei, ao contrário da maioria dos casais ocidentais que optam pela adoção, eles se dispuseram a acolher duas crianças de qualquer sexo, idade e condição. Isso me parece um ato particularmente admirável e altruísta, e as circunstâncias que os levaram a praticá-lo fazem parte da minha história.

Minha mãe — Sue — nasceu na costa noroeste da Tasmânia, filha de um casal de imigrantes que vieram da região central da Europa depois da Segunda Guerra Mundial. O pai e a mãe dela passaram por muitas dificuldades na infância.

Sua mãe, Julie, nasceu na Hungria, em uma família pobre com quatorze filhos. O pai de Julie foi trabalhar como lenhador no Canadá com a intenção de enviar dinheiro à família, porém nunca mais voltou, abandonando a esposa e os filhos. Os mais velhos tentavam ajudar o máximo que podiam, mas, quando a guerra começou, a maioria dos homens foi convocada e morreu no campo de batalha. Quando os russos entraram na Hungria perseguindo os nazistas em fuga, a família de Julie havia fugido para a Alemanha e não voltou mais. (Quando as batalhas na Hungria cessaram, alguns dos aldeões que também foram deslocados tentaram voltar para suas casas, mas a família de Julie considerou isso arriscado demais. Muitos húngaros, ao voltarem, encontraram russos morando em suas casas e, quando tentaram reavê-las, foram mortos com um tiro no meio da rua.) Julie tinha apenas 19 anos quando a guerra chegou a sua fase final.

O pai de mamãe, Josef, era polonês e também havia tido uma infância traumática. Quando ele tinha 5 anos, sua mãe morreu e seu pai se casou de novo. A madrasta odiava tanto Josef que, conta-se, tentou envenená-lo. Ao fim, acabou sendo enviado para viver com a avó. Mamãe conta que, por tudo que sua madrasta havia feito, a avó o criou com uma grande carga de ressentimento para com as mulheres.

Quando a Alemanha nazista invadiu a Polônia, no início da guerra, Josef se integrou à Resistência e participou de missões de bombardeio e de tiro, mas ficou perturbado demais com as experiências. Ao fim, a despeito do papel que tinha desempenhado na Resistência, ele também fugiu dos russos que avançavam sobre seu território e foi parar, igualmente, na Alemanha.

Josef era um homem bem-apessoado — alto, de pele escura e bonito — e, quando Julie o conheceu, em meio ao caos do fim da guerra, logo se apaixonou. Os dois se casaram e tiveram uma filha, Mary, que nasceu quando a guerra já havia terminado. Era um período turbulento. Pessoas que foram obrigadas a deixar seus lares perambulavam pelas estradas e em trens por toda a Europa, e o casal queria viajar para o novo mundo e recomeçar a vida. Conseguiram chegar à Itália, onde embarcaram em um navio que supostamente os levaria ao Canadá, mas que acabou velejando até a Austrália. Assim, como muitos refugiados, foram parar em um lugar que não escolheram, mas tiveram de tirar o melhor da situação.

Julie passou pelo menos um ano cuidando da bebê no abominável campo de refugiados de Bonegilla, perto de Albury-Wodonga, no estado de Victoria. Josef foi trabalhar construindo casas na Tasmânia e vivia sozinho em um alojamento de trabalhadores. A ideia era que ele mandasse buscar a esposa e a filha quando conseguisse arranjar um lugar apropriado para uma família morar — algo que deve ter feito Julie se lembrar do pai, mas Josef honrou a palavra. Quando surgiu a oportunidade de dividir uma fazenda com outra família nas imediações da cidade de Somerset, perto de Burnie, ele e Julie se juntaram novamente. Josef trabalhou duro, e pouco tempo depois comprou a fazenda ao lado e construiu sua própria casa. Mary tinha 6 anos quando mamãe nasceu, em 1954. Dezesseis meses depois, ela ganhou uma irmã mais nova também, Christine.

Como muitos sobreviventes da guerra, Josef sofria de distúrbios psicológicos, que se tornaram mais evidentes com o passar dos anos. Os primeiros anos da criação de mamãe foram muito difíceis, sobretudo por causa do humor do pai, que oscilava entre a melancolia, a cólera e a violência. Ela o descreve como um homem grande, forte e assustador. Ele vinha de uma cultura em que bater em mulheres e crianças era comum.

Polonês até a raiz dos cabelos, Josef bebia muita vodca, todo dia, além de insistir em um cardápio invariável de pratos tradicionais à base de carne de porco frita, repolho e batata. Mamãe odiava a comida e acabou se tornando uma menina magra e doente. Ela conta que até hoje sente enjoo ao falar das coisas que tinha de comer.

Josef ganhou bastante dinheiro com seu trabalho de construção e adquiriu muitas propriedades. Mamãe acha até que ele pode ter sido o primeiro milionário de Somerset, embora ninguém saiba ao certo qual era o tamanho de seu patrimônio. Infelizmente, com o agravamento de seu estado psicológico, ele passou a ter alucinações, tornando-se uma pessoa descontrolada, e ficou famoso por se envolver em maus negócios. Além disso, recusava-se a pagar taxas e impostos sobre suas propriedades. Talvez isso estivesse relacionado a sua condição mental, ou talvez ele se recusasse a reconhecer qualquer tipo de autoridade civil, mas o fato é que simplesmente se negava a pagar. O problema o levou à ruína e quebrou a família.

Mamãe amadureceu rápido e conseguiu superar suas circunstâncias difíceis. Saiu da escola no primeiro ano do ensino médio, quando seu pai insistiu que ela tinha de arranjar um emprego, então ela foi trabalhar em Burnie como assistente de farmácia. O salário lhe deu alguma independência pela primeira vez na vida. Ganhava cerca de quinze dólares por semana, dois dos quais ela dava à mãe com muito orgulho para pagar por suas refeições. Usou a maior parte do dinheiro para montar um enxoval com tudo de que precisaria para a vida de casada que esperava vir algum dia. Aos 16 anos, depois de anos de estresse e subnutrição em casa, sentiu que sua vida iria enfim mudar.

Um dia, enquanto almoçava com duas amigas no intervalo do trabalho, mamãe reparou em um jovem que tinha vindo diretamente de Hobart — um visitante da capital virava notícia em Burnie. O nome dele era John Brierley. Mais tarde, ele perguntou às garotas sobre a amiga delas, Sue, e não muito tempo depois mamãe recebeu uma ligação dele convidando-a para sair.

John era um surfista de 24 anos, loiro e bronzeado, educado e descontraído. Seu pai, inglês, era um piloto da British Airways aposentado aos 50 que tinha se mudado com a família para o clima mais ameno da Austrália. John, na época um adolescente, de início havia hesitado em deixar a Inglaterra, entretanto, depois de conhecer a Austrália e aderir ao estilo de vida do bronze e do surfe, nunca mais olhou para trás. Papai não voltou à Inglaterra nem uma vez desde então.

Mamãe não se interessava por relacionamentos antes de conhecer papai, em grande parte por causa da péssima experiência com o pai. Apenas quando sua irmã mais velha, Mary, arranjou um noivo foi que mamãe encontrou um homem decente e respeitoso, que não bateria na esposa e nos filhos. O fato de ter visto que havia no mundo algum homem confiável a ajudou.

Em 1971, um ano após se conhecerem, papai recebeu uma oferta de promoção com a condição de que se mudasse para o continente. Porém, em vez de deixar mamãe sozinha, ele permaneceu na Tasmânia e a pediu em casamento. Casaram-se num sábado, mudaram-se para um pequeno flat em Hobart, e, na segunda-feira, mamãe começou a trabalhar em uma farmácia da cidade. Foi como se ele surgisse montado num cavalo branco e a agarrasse — e, de repente, estavam casados e morando juntos. Com trabalho duro e economia, compraram um terreno em Tranmere, um bairro afastado à beira-mar, começaram a construção e, em 1975, mamãe comemorou 21 anos dentro da própria casa.

Embora mamãe tivesse conseguido ir embora de Burnie, a situação da família se agravou, o que a afetou profundamente. O pai dela foi à bancarrota duas vezes. Na segunda, foi por causa de uma multa fiscal de quinhentos dólares que ele se recusava a pagar. Josef ficou na cadeia de Burnie até que os débitos fossem saldados. Mamãe e o restante da família não sabiam na época, mas ele possuía milhares de dólares escondidos em casa, que poderiam ter sido usados para pagar sua fiança, se tivesse lhes falado disso.

Foi o início de uma espiral descendente. O contador nomeado pela corte promoveu um leilão para arrecadar alguns milhares de dólares que seriam empregados no pagamento da multa e de outros impostos devidos. O contador cobrou uma quantia maior que todo o montante arrecadado para pagar seus honorários, o que deixou a família com a dívida antiga e com uma nova, relacionada a ele. Quando mamãe tinha por volta de 30 anos, Josef foi arrastado para a prisão em Hobart, onde, com claros sinais de abstinência de álcool, além de todos os outros problemas que já tinha, tornou-se excessivamente violento e foi transferido para uma prisão psiquiátrica.

 Lá, Josef pegou dinheiro emprestado de um agiota, que em menos de um ano conseguiu tomar o restante de suas propriedades para o pagamento de juros, deixando a família sem nada. A mãe de mamãe finalmente deixou o instável marido um ano depois. Josef, ainda na prisão, ameaçou matá-la, culpando-a por tudo o que havia acontecido. Ela se mudou para um flat, onde adoeceu por causa dos gases tóxicos emitidos por uma fábrica de papel localizada nas imediações, até que mamãe — a essa altura, mãe de dois filhos adotivos — conseguiu trazê-la para Hobart para viver conosco. Eu e Mantosh gostávamos de ter nossa avó por perto. Embora Josef já tivesse sido solto então, mamãe não quis nos expor à sua natureza perturbada, portanto nunca chegamos a conhecê-lo. Ele morreu quando eu tinha 12 anos.

As dificuldades pelas quais mamãe passou lhe deram força de vontade e determinação, além de prioridades diferentes daquelas das pessoas que conhecia. Nos primeiros anos de casamento, a Austrália viveu uma época de mudanças: Whitlam foi eleito primeiro-ministro, depois dos levantes dos anos sessenta, e o panorama sociopolítico se transformava. Ainda que mamãe e papai não fossem exatamente hippies, eles se sentiram atraídos pelas ideias "alternativas" em discussão.

 As pessoas ficavam especialmente aflitas com a superpopulação, e crescia cada vez mais a preocupação com o impacto de tantos bilhões de pessoas no meio ambiente. Mas havia outras questões também, entre as quais a guerra. Papai teve sorte de não ter sido convocado para lutar no Vietnã. As opiniões progressistas ajudaram mamãe a conceber a ideia de que uma das maneiras de fazer a diferença era adotar crianças necessitadas de países em desenvolvimento.

Depois de tudo pelo que havia passado na infância e na adolescência, mamãe tinha chegado à conclusão de que não havia nada de sagrado nas famílias formadas por consanguinidade. Apesar de ter sido criada no catolicismo, em uma cultura na qual se esperava que as mulheres tivessem filhos naturais, ela e papai eram da opinião de que já havia pessoas suficientes no mundo, com milhões de crianças em situação de extrema necessidade. Juntos, concordaram que havia outras maneiras de constituir uma família que não tendo filhos naturais.

Houve também uma maravilhosa experiência pessoal no passado de mamãe que, segundo ela, preparou o caminho para a ideia de constituir uma família não tradicional. Quando ela tinha por volta de 12 anos, os problemas familiares a levaram a uma espécie de colapso nervoso, durante o qual teve uma experiência que só consegue descrever como uma "visão", e que lhe causou a sensação de ser atravessada por um choque elétrico. A visão era de uma criança de pele morena de pé ao seu lado — a cena era tão real que ela podia até sentir o calor da criança. Foi tão impressionante que ela chegou a duvidar de sua sanidade mental e até pensou se era possível que tivesse visto um fantasma. Com o passar do tempo, porém, aprendeu a aceitar a visão com mais naturalidade e acabou considerando-a como algo precioso, uma espécie de aparição que só ela sabia da existência. Foi a primeira vez em sua vida desoladora que havia experimentado uma sensação avassaladora de algo bom, e então se agarrou a isso.

Como jovem adulta e casada, na companhia de um marido que pensava de forma parecida, ela teve a chance de transformar sua visão em realidade. Assim, embora pudessem ter gerado filhos, mamãe e papai decidiram adotar crianças de países pobres e lhes dar o lar e a família amorosa de que precisavam. Papai admite que mamãe foi quem tomou a iniciativa da adoção. Na verdade, mamãe conta que se sentia tão inclinada a isso que, se papai não tivesse concordado, aquele poderia ter sido o fim do casamento. Mas papai estava plenamente feliz com o plano deles e, uma vez tomada a decisão, jamais titubearam.

Entretanto, não faltaram motivos para que repensassem. Assim que começaram a fazer investigações oficiais, encontraram um problema: as leis estaduais da Tasmânia à época não permitiam que casais férteis adotassem crianças. Por ora, era simples assim. Eles não abandonaram os princípios. Em vez disso, optaram por apadrinhar crianças em outros países (o que fazem até hoje) e, no mais, continuaram desfrutando de seu próprio bem-estar sem filhos, saindo para jantar, velejando e viajando nas férias todo ano.

O interesse na adoção, no entanto, permaneceu latente. Obviamente, o relógio biológico não era um problema para eles. Quanto à outra restrição de tempo na ocasião — que determinava uma diferença de idade de no máximo 40 anos entre o cônjuge mais novo e a criança adotada, para evitar a adoção de crianças muito novas por pessoas idosas que pudessem ter dificuldade para criá-las —, era improvável que os afetasse, pois não requisitaram nenhuma idade específica para a criança.

Dezesseis anos se passaram desde o dia em que decidiram adotar. Então, um dia, mamãe conheceu uma linda menininha de pele morena, Maree, que havia sido adotada por um casal da região que já tinha um filho biológico. Diante disso, mamãe concluiu que a lei que proibia a adoção de crianças por pais férteis devia ter mudado. Isso a fez sentir um arrepio na nuca — ela teve a estranha sensação de que aquela garota podia ser a mesma que havia aparecido ao seu lado na visão que teve aos 12 anos. Imediatamente, voltou a procurar informações sobre adoção e, para sua felicidade, confirmou que ela e papai agora podiam se candidatar a adotar uma criança de outro país. Apesar de há muito tempo já terem estabelecido um ritmo de vida, não hesitaram em começar o processo.

Depois de muitas entrevistas, muitos documentos providenciados e várias verificações policiais, eles foram aprovados como candidatos. Então tiveram de escolher um país ao qual enviar sua ficha. Ouviram falar, num grupo de adoção em Victoria, que a organização ISSA, de Calcutá, tinha uma abordagem humanitária e agia mais rápido para encontrar novos lares para crianças indianas carentes em comparação com o que se via em outros países. Mamãe sempre havia sido fascinada pela Índia e sabia algo sobre as condições em que muitas pessoas viviam no país: em 1987, a população da Austrália era de dezessete milhões de habitantes, enquanto na Índia, naquele mesmo ano, cerca de quatorze milhões de crianças morreram de fome ou acometidas por doenças. Embora obviamente a adoção de uma criança fosse apenas uma gota no oceano, ainda era algo que podiam fazer. E faria uma enorme diferença para essa criança. Escolheram a Índia.

Alguns casais em busca de adoção chegam a esperar dez anos por uma criança que preencha seus requisitos: podem estar à procura de um bebê para criarem desde muito novo, ou especificamente por um menino ou uma menina, ou ainda por uma criança de uma idade determinada. Mamãe e papai achavam que uma das coisas mais importantes era oferecer ajuda a quem precisasse, em vez de simplesmente escolher alguém conforme suas preferências. Portanto, disseram apenas que queriam "uma criança".

O lema da ISSA, chefiada pela maravilhosa Sra. Saroj Sood, é: "Em algum lugar, há uma criança à espera. Em algum lugar, há uma família à espera. Nós, da ISSA, somos o elo que as une." E no nosso caso de fato foi simples assim. Apenas algumas semanas depois de mamãe e papai enviarem sua ficha, a instituição já havia localizado para eles uma criança chamada Saroo, que não sabia o próprio sobrenome nem tinha muitas informações sobre suas origens. Mamãe conta que, desde que viram uma cópia da foto tirada pela ISSA para um documento oficial, ela e papai sentiram que eu era deles.

Mamãe ficou encantada quando a resposta chegou, e também tranquilizada: em algum lugar dentro de si, ela sempre soubera que a visão que havia tido aos 12 anos significava que era seu destino ter uma criança adotada. O destino parecia ter exigido deles essa espera de dezesseis anos para que eu estivesse pronto e os aguardando. As coisas aconteceram rapidamente: apenas sete meses após enviarem o pedido de adoção e menos de três meses depois de serem aprovados, eu chegava.

Para mamãe, ajudar crianças carentes de outros países — mediante apadrinhamento ou adoção — é algo que mais australianos deveriam fazer. O estresse dos problemas burocráticos que atrasaram a adoção de Mantosh a abalou profundamente; na verdade, afetou gravemente sua saúde. Uma das bandeiras que defende é a substituição das várias leis estaduais australianas que regem a adoção de crianças estrangeiras por uma lei federal simplificada. Ela critica o fato de os governos dificultarem o processo de adoção internacional e acredita que, se fosse um pouco mais simples, mais famílias adotariam.

A história de mamãe faz com que eu me sinta um grande afortunado, até mesmo abençoado. Ela se tornou uma pessoa mais forte por causa da infância difícil, absorvendo essas experiências e as transformando em algo de grande valor. Espero ser capaz de fazer o mesmo, e tenho certeza de que Mantosh também. O conhecimento de mamãe sobre infâncias conturbadas fez dela uma ótima mãe para as crianças que adotou, além de uma inspiração para nós, como adultos. Eu a amo por ser quem é, mas, acima de tudo, respeito-a pelos rumos que tomou na vida e pelas decisões dela e de papai. Serei sempre profundamente grato aos meus pais adotivos pela vida que me proporcionaram.

7

MINHA CRIAÇÃO

Quando entrei no ensino médio, o mapa da Índia ainda estava colado à parede do meu quarto, mas já quase não o percebia, ao lado dos cartazes do Red Hot Chili Peppers. Eu estava crescendo como um australiano — um tasmaniano com muito orgulho.

Claro, não havia esquecido meu passado nem tinha deixado de pensar na minha família indiana. Continuava determinado a não esquecer nenhum detalhe das memórias de infância e de vez em quando as repassava na mente como se contasse uma história a mim mesmo. Rezava para que minha mãe ainda estivesse viva e bem. Às vezes, deitado na cama, eu visualizava as ruas da cidade onde morava na Índia, vendo-me caminhando por elas de volta para casa e, depois, abrindo a porta e observando com atenção minha mãe e Shekila enquanto dormiam. Eu me transportava até lá mentalmente, concentrava-me e lhes enviava uma mensagem dizendo que estava bem e que elas não precisavam se preocupar. Era quase como uma meditação. Essas memórias, porém, ocupavam o segundo plano da minha vida, não o primeiro, pois eu mergulhava na minha adolescência como qualquer outro garoto.

No ensino médio, havia muito mais alunos de outras etnias que no fundamental, sobretudo gregos, chineses e outros indianos, de modo que as eventuais diferenças que eu tinha sentido se dissolveram por completo. Fiz bons amigos, entrei para uma banda de rock do colégio como guitarrista e ainda praticava muitos esportes, principalmente futebol, natação e atletismo. E, como a escola era bem pequena, isso ajudou Mantosh a se integrar também.

Eu, no entanto, me mantive bastante independente e trilhei meu próprio caminho. Aos 14 anos, já fugia com os amigos para um píer nas redondezas para jogar conversa fora e beber escondido. Logo arranjei uma namorada também. Não digo que eu era um rebelde, mas passava cada vez mais tempo de bobeira. É tentador atribuir essa fase da minha vida às circunstâncias da minha infância e à adoção, mas, para falar a verdade, acredito que eu simplesmente tenha me deixado levar pelas coisas que a maioria dos adolescentes descobre nessa idade.

Eu nunca havia sido exatamente estudioso, mas minhas notas na escola começaram a sofrer os efeitos de todas essas aventuras extracurriculares, tanto esportivas quanto sociais. E acabei ultrapassando os limites da tolerância dos meus pais. Mamãe e papai eram pessoas determinadas, trabalhadoras, e, portanto, consideraram que eu estava um tanto à deriva. Então eles me deram um ultimato: sair da escola assim que concluísse o ensino obrigatório e arranjar um emprego (como Mantosh fez mais tarde); estudar de verdade e ingressar numa universidade; ou entrar para o serviço militar.

Foi um choque para mim. A ideia de entrar para o serviço militar me deixou aterrorizado, exatamente como meus pais pretendiam. Era uma vida institucional que me soava semelhante demais à dos abrigos para crianças perdidas que eu queria esquecer. A proposta também surtiu um efeito mais positivo: ela me fez lembrar do quanto eu desejava estudar quando era criança na Índia. Eu tinha ganhado uma vida que jamais poderia imaginar e com certeza a estava desfrutando, mas talvez não estivesse tirando o maior proveito dela.

Isso foi estímulo o bastante para que eu tomasse jeito: desse momento em diante, me tornei um estudante exemplar. Eu me trancava no quarto depois da aula para revisar as lições, consegui melhorar minhas notas e cheguei a tirar as melhores notas em algumas matérias. Quando terminei o ensino médio, decidi fazer um curso técnico de três anos de contabilidade, com a intenção de facilitar minha entrada na universidade. Além disso, arranjei um emprego.

Depois daquele puxão de orelha inicial, mamãe e papai não me pressionaram mais a seguir nenhum caminho específico nem jamais me sugeriram que eu lhes devesse qualquer coisa por terem me adotado. Contanto que eu estivesse empenhado, eles apoiariam minhas decisões. Teriam ficado felizes de me ver formado, porém, em vez de ingressar na universidade, eu me vi tão satisfeito com o salário e a sociabilidade que o trabalho me proporcionava que abandonei a contabilidade sem pensar duas vezes. Por muitos anos, uni o trabalho à diversão — trabalhei em vários bares, boates e restaurantes na região de Hobart, e foram tempos felizes, em que eu manejava garrafas como no filme *Cocktail* e promovia noites com shows de bandas. Mas, quando vi meus colegas de trabalho estacionados na carreira, sem perspectiva de ascensão, percebi que desejava algo mais para mim. Decidi obter algum tipo de qualificação em administração, na esperança de obter cargos mais elevados, e tive a sorte de receber uma bolsa de estudos na Escola Internacional de Hotelaria, em Canberra. Como eu já tinha muita experiência de trabalho, a duração do curso, que era de três anos, foi reduzida para um ano e meio.

Embora àquela altura ainda morasse com meus pais, eu geralmente estava no trabalho, estudando ou na casa da minha namorada, por isso a perspectiva de sair de casa não era uma prioridade. Acho que meus pais ficaram felizes por eu tomar aquela iniciativa. Portanto, todos encaramos com naturalidade quando fiz as malas e me mudei para Canberra.

Os acontecimentos posteriores mostraram que essa foi a melhor decisão que eu poderia ter tomado. Foi em Canberra que minha cabeça se voltou novamente para a Índia e comecei a pensar em como poderia fazer para encontrar minha cidade natal.

Quando me mudei para o alojamento da universidade de Canberra, em 2007, logo descobri que, não apenas havia muitos estudantes estrangeiros lá, mas que a maioria era de indianos. A maior parte deles era de Deli e das cidades já então oficialmente denominadas Mumbai e Kolkata.

Eu havia conhecido outros indianos na escola, mas, assim como eu, eles cresceram na Austrália. Conhecer esse grupo ali era uma experiência completamente diferente. Conversavam em inglês comigo, mas entre eles falavam hindi, a primeira vez que eu ouvia o idioma depois de muitos anos. Tinha esquecido minha língua materna quase por completo — os indianos que eu conhecia no ensino médio também só falavam inglês —, então, no começo, experimentei um choque cultural às avessas. Na companhia daqueles estudantes estrangeiros, eu me vi pela primeira vez despido da condição de indiano. Em vez de ser uma figura um tanto exótica, passei a ser um australiano entre indianos.

Fui atraído por eles simplesmente por serem do mesmo lugar que eu; alguns, inclusive, vinham da mesma cidade onde eu tinha me perdido. Percorreram as mesmas ruas e viajaram nos mesmos trens. Eles reagiram bem ao meu interesse e me acolheram em seu círculo social. Foi com esse grupo de pessoas que, pela primeira vez, aos 26 anos, comecei a experimentar a sensação de ser indiano — não no sentido político ou acadêmico nem da maneira esquisita das associações que meus pais tentaram frequentar, por mais bem-intencionadas que fossem. O que quero dizer é que passei a me sentir confortável simplesmente vivendo em meio à cultura daqueles estudantes indianos e na companhia deles. Comíamos comida indiana, íamos a boates juntos, visitávamos cidades vizinhas ou nos reuníamos na casa de alguém para ver filmes *masala*, aquelas maravilhosas misturas de ação, romance, comédia e drama produzidas em Bollywood. Não era uma atitude falsa nem forçada; era um estilo de vida natural. E as pessoas que conheci não eram associadas a nenhuma agência de adoção nem tinham traumas relacionados a isso. Não passavam de pessoas comuns que, por acaso, eram indianas. Incentivaram-me a reaprender um pouco da minha língua materna, e também fiquei sabendo de algumas das rápidas mudanças pelas quais a Índia havia passado ao se modernizar.

Em troca, contei a eles minha história. Era completamente diferente descrever os dias que passei na estação de trem para pessoas que a conheciam como a gigantesca estação de Howrah e que sabiam que o rio em cujas margens eu dormia era o Hooghly. Meus amigos ficaram pasmos, sobretudo os de Kolkata, que conheciam algo da vida que eu tinha levado. E tenho certeza de que lhes parecia incrível que alguém com esse passado vivesse agora com eles em Canberra.

Duas coisas aconteceram como consequência dessas conversas. Em primeiro lugar, meu passado se tornou muito mais presente do que estivera em muitos anos. Embora sempre mantivesse vivas minhas lembranças repassando-as na memória, havia muito que eu não falava tanto delas com alguém. Contava-as a uma pessoa ou outra, principalmente a minhas namoradas, mas não a muitas — não porque tivesse vergonha ou quisesse manter segredo, mas apenas porque aquilo não parecia mais tão importante. Cada vez que falava do meu passado a alguém, surgiam muitas perguntas que eu tinha de responder, e eu sentia que isso mudava como a pessoa me via de um modo muito mais profundo do que me parecia aceitável — eu me tornava, então, o Saroo que tinha morado nas ruas de Calcutá, não apenas Saroo, e em geral eu só queria ser o Saroo. Agora, porém, eu estava contando essas coisas a pessoas que conheciam os lugares por onde eu havia passado, o que era diferente. Tenho certeza de que isso mudava a maneira como me viam, mas normalmente no sentido de aumentar nosso nível de compreensão mútua em vez de criar um abismo entre nós. E falar do meu passado dessa maneira me fez pensar mais nele. Contar minha história aos australianos era um pouco abstrato, como se eu estivesse falando de um conto de fadas, por mais que simpatizassem comigo e tentassem imaginar como havia sido tudo aquilo. Contá-la a essas pessoas, que tiveram contato com os mesmos lugares, tornava-a muito mais real.

Em segundo lugar, contar minha história a pessoas de fato da Índia fazia aflorar o detetive nelas. A localização da cidade onde eu havia morado era um mistério que elas queriam desvendar, e por isso me faziam muitas perguntas sobre tudo de que eu conseguia me lembrar. Através dos olhos delas, pela primeira vez desde que estive na estação de Howrah, eu vislumbrava a possibilidade de descobrir alguma coisa. Ali estava um grupo de pessoas que conheciam bem o país — os adultos de que eu havia precisado quando me perdi. Talvez pudessem me ajudar agora.

Assim, pus à prova minha parca coleção de pistas diante dos meus amigos. Era a primeira vez em muitos, muitos anos que eu pensava nos escassos conhecimentos de geografia que eu tinha na infância. Eu me lembrava de Ginestlay, que poderia ser o nome da minha cidade mas também o da região ou até mesmo o da rua. Depois, havia a estação onde eu tinha embarcado no trem sozinho, que se chamava "Berampur" ou algo parecido.

Alertei meus amigos de que as autoridades de Kolkata tentaram descobrir minha origem a partir desses fragmentos, mas falharam, porém, mesmo assim, eles acharam que era um bom começo. Reconheci não saber ao certo quanto tempo tinha passado preso no trem, mas me lembrava de ter embarcado à noite e de chegar a Kolkata no dia seguinte antes do meio-dia — com certeza era de dia. Embora as experiências traumáticas do meu tempo morando na rua estivessem, aparentemente, registradas na memória com muitos detalhes, o primeiro grande trauma — ficar preso sozinho no trem, sem poder evitar que ele me levasse para longe de casa — parecia, ao contrário, ter se tornado confusa na minha memória. Eu me lembrava dele mais como momentos de aflição entrecortados. No entanto, sempre tivera a impressão de que a viagem havia durado entre doze e quinze horas.

Uma das minhas amigas, uma garota chamada Amreen, disse que iria perguntar ao pai, que trabalhava na Indian Railways em Nova Deli, se ele conhecia algum lugar com os nomes que eu lembrava, provavelmente a cerca de doze horas de Kolkata. Fiquei empolgado e agitado — isso era o mais perto que eu jamais havia chegado da ajuda pela qual tinha procurado nas plataformas daquela estação de trem, vinte anos antes.

Uma semana mais tarde, ele respondeu: jamais tinha ouvido falar de Ginestlay, mas havia um bairro afastado de Kolkata chamado Brahmapur, uma cidade chamada Baharampur em uma região mais remota do mesmo estado oriental de Bengala Ocidental e uma cidade no estado de Orissa, perto da costa leste, outrora conhecida como Berhampur e que agora também se chamava Brahmapur. O primeiro desses lugares — o bairro de Kolkata — obviamente podia ser descartado. Mas isso me fez pensar por que ninguém que eu havia abordado na estação de Howrah tinha pensado que esse era o lugar pelo qual eu procurava. Talvez minha pronúncia estivesse errada. Ou talvez não tenham parado para escutar realmente o que eu estava dizendo.

O segundo lugar e o terceiro também não pareciam muito prováveis. Não achei que ficassem distantes o suficiente da estação de Howrah para que a viagem levasse o tempo que havia levado, embora tenha considerado a possibilidade de ter feito uma rota circular. A cidade de Orissa ficava a menos de dez quilômetros da costa leste, e eu nunca tinha visto o mar até que o sobrevoei quando fui para a Austrália — uma vez fiz uma viagem inesquecível para ver o Sol se pôr sobre um lago perto da minha cidade, mas contemplar o mar aberto da janela daquele avião me deixou admirado. Será que eu havia crescido tão perto da costa sem jamais saber disso? Por outro lado, meus amigos pensavam que, pela minha aparência, eu devia ser de Bengala Ocidental. Isso me fez lembrar que, quando eu era criança em Hobart, mamãe tinha me contado que uns anciões indianos com quem nos encontramos também acharam que eu devia ser do leste da Índia. Será que minhas recordações da viagem de trem estavam erradas? Será que o tempo e a distância foram exagerados pela mente de uma criança assustada de 5 anos? Pequenas sementes de dúvida eram plantadas na minha memória.

Além de ouvir os palpites dos meus amigos, comecei a usar a internet para procurar por mais informações. Já tínhamos internet em casa desde quando eu estava no ensino médio, mas naquela época era diferente do que é hoje. Ela era muito mais lenta, é claro, sobretudo quando ainda não havia banda larga, nos tempos de conexão discada, mas o que chamamos de internet hoje estava em seus primórdios como "a rede mundial de computadores" quando terminei o ensino médio. Ferramentas como a Wikipédia ainda estavam na infância quando ingressei na universidade. Hoje em dia, é difícil imaginar algum tipo de informação que não se consegue obter on-line, por mais obscura que seja, mas não faz tanto tempo assim que a internet deixou de ser exclusividade de geeks e pesquisadores acadêmicos.

Isso também foi antes do surgimento das redes sociais, quando era bem mais difícil ou raro se conectar com pessoas desconhecidas. O e-mail era uma ferramenta de comunicação mais formal, não um meio através do qual se podia alcançar o mundo inteiro de forma anônima. Acrescentando-se a isso o fato de que eu não costumava pensar muito no meu passado na Índia, pode-se entender por que, até então, não tinha me ocorrido que aquela invenção razoavelmente nova pudesse me ser útil.

Na universidade, além de contar com o incentivo de alguns amigos indianos, eu tinha acesso ilimitado à internet e meu próprio computador em uma escrivaninha no meu quarto. Assim, comecei a procurar por qualquer tipo de informação usando várias grafias de "Ginestlay", mas sem sucesso — pelo menos não encontrei nada que fizesse sentido para mim. As diversas palavras semelhantes a "Berampur" também não deram em nada — muitas possibilidades e nada de substancial com que pudesse trabalhar.

Eu podia ter começado a duvidar das memórias desses nomes e do tempo que tinha passado no trem, mas o mesmo não acontecia com as recordações que tinha da minha família, da cidade onde havia morado ou das ruas por onde caminhava quando criança. Eu podia fechar os olhos e ver claramente a estação em Berampur, onde tinha subido naquele trem, por exemplo: a posição da plataforma, a grande passarela para pedestres em uma das extremidades e a grande caixa-d'água que se elevava no alto de sua torre. Eu sabia que, se pudesse ver os lugares sugeridos pelos meus amigos e pela internet, ou se pudesse de algum modo ver a cidade que alguém acreditasse ser a minha, seria capaz de dizer imediatamente se o era de fato. A dúvida era apenas quanto aos nomes.

Mapas não ajudavam em nada. Eu sabia que, em algum lugar em meio a todos aqueles nomes e linhas, estava a minha cidade.

Se pelo menos soubesse onde procurar... Mas os únicos mapas que eu encontrava não eram grandes o bastante para mostrar cidades menores, muito menos os bairros ou a malha rodoviária urbana detalhada de que eu precisava. Tudo o que eu podia fazer era procurar por nomes que parecessem semelhantes, vasculhando possíveis áreas baseado na proximidade destas com a cidade de Kolkata e na minha própria aparência. Mas, mesmo que eu encontrasse um nome de cidade semelhante a Berampur ou Ginestlay, seria impossível verificar se a informação era relevante para mim. Esse lugar? Quem sabe? Como poderia saber se era ali que ficava nossa casa caindo aos pedaços ou a estação de trem certa? Por um tempo, até flertei com a ideia de voar até Bengala Ocidental e vasculhar a região pessoalmente, mas não pensava nisso com seriedade. Por quanto tempo eu conseguiria vagar pelo país à procura de paisagens familiares? A Índia era enorme. Fazer isso não seria muito diferente de embarcar em trens aleatoriamente na estação de Howrah.

Foi então que eu soube da existência de um mapa que de fato me *permitiria* vagar pela paisagem, e da segurança da minha mesa: o Google Earth.

Muitas pessoas provavelmente se lembram da primeira experiência que tiveram com o Google Earth. Suas imagens de satélite permitiam que qualquer pessoa visse o mundo de cima, vasculhando toda a sua área como um astronauta. Era possível ver continentes inteiros, países e cidades, ou procurar nomes de lugares e então dar zoom nos pontos de interesse e visualizá-los com um nível de detalhe impressionante — pode-se ver bem de perto a Torre Eiffel, o Marco Zero ou a própria casa. De fato, parece que essa era a primeira coisa que as pessoas faziam: centralizavam a tela onde moravam para descobrir como era vê-lo de cima, como se fosse um pássaro ou um deus. Quando ouvi falar das possibilidades do Google Earth, meu coração disparou. Seria possível visualizar o lugar onde eu tinha morado na infância, se soubesse onde procurar? O Google Earth parecia ter sido inventado especialmente para mim — a ferramenta perfeita. Então liguei o computador e comecei a procurar.

Como ninguém jamais havia demonstrado sequer reconhecer a palavra Ginestlay, achei que o lugar cujo nome soava como Berampur era a referência mais concreta que eu tinha. E, se eu o encontrasse, minha cidade estaria nas proximidades dele ao longo da linha do trem. Portanto, procurei por lugares de nome semelhante a Berampur e, como sempre, houve vários resultados. Havia muitas variações desse nome espalhadas por toda a Índia, além de vários lugares homônimos. Brahmapur, Baharampur, Berhampur, Berhampore, Birampur, Burumpur, Burhampoor, Brahmpur e assim por diante.

Pareceu-me mais sensato começar pelos dois lugares sugeridos pelo pai de Amreen: Bengala Ocidental e Orissa. Lentamente, as imagens aéreas de cada cidade surgiam na tela. O Google Earth funcionava exatamente como eu esperava. Com essa ferramenta, eu conseguiria ver quaisquer pontos de referência de que me lembrasse e, com sorte, identificaria o lugar correto quase com tanta facilidade quanto se estivesse lá pessoalmente; ou, ao menos, como se sobrevoasse a região de balão — observar um lugar de cima significava ter de se esforçar um pouco para imaginá-lo visto do chão.

Em Baharampur, no estado de Bengala Ocidental, havia duas estações de trem, mas nenhuma delas tinha a passarela da qual eu me lembrava claramente, e também não parecia haver nenhum lugar nas imediações, ao longo das linhas de trem, com um nome semelhante a Ginestlay. Uma das linhas, além disso, passava perto de vários lagos enormes que com certeza seriam visíveis do trem, e eu jamais tinha visto nenhuma paisagem parecida com essa nos lugares por onde havia passado. Na verdade, as imediações da cidade não me eram nem um pouco familiares — o lugar que eu procurava tinha uma série de colinas atravessadas pela ferrovia, e não vi nada semelhante nas proximidades dessa região. E a vegetação me parecia verde e exuberante demais. A região de onde eu tinha vindo era um campo entrecortado de plantações ao redor de cidades poeirentas. O lugar até podia ter sofrido mudanças desde que saí de lá — talvez tivessem implantado um sistema de irrigação e a região estivesse mais verde agora —, porém, os demais fatores pareciam excluí-lo do meu campo de possibilidades.

A cidade de Orissa, em Brahmapur, parecia ficar numa região mais seca, no entanto sua estação tinha longas plataformas cobertas de cada lado da ferrovia, o que era diferente da configuração simples que eu procurava, que era mais. Também não se via nenhuma caixa-d'água suspensa. Em vez disso, havia silos nas imediações, dos quais eu sem dúvida teria me lembrado. E, mais uma vez, nada de Ginestlay ao longo das linhas de trem. Além disso, ao ver na imagem o quanto o mar ficava perto da cidade, tive certeza de que ele não poderia ter passado despercebido por mim.

Não ter reconhecido nenhum dos dois lugares não era motivo para perder as esperanças — havia muitos, muitos outros lugares onde procurar —, mas foi desanimador. E me fez considerar o quanto as coisas podiam ter mudado desde que eu tinha vivido por lá. Estações podiam ter sido reformadas ou reconstruídas, as estradas vizinhas podiam ter mudado e as cidades, crescido. Se as mudanças tivessem sido grandes demais, talvez eu não fosse sequer capaz de reconhecer a estação que procurava.

Apesar da abrangência desse novo recurso — ou justamente por causa disso —, estava claro que procurar minha casa seria uma tarefa hercúlea. Se eu não tivesse certeza do nome dos lugares, não poderia confiar nos resultados da ferramenta de busca. E, mesmo que eu chegasse à região certa, talvez não conseguisse reconhecê-la do alto. Como poderia ter certeza de qualquer coisa? Como se tudo isso não bastasse, a internet e os computadores eram muito mais lentos naquela época — o Google Earth era uma ferramenta extraordinária, porém muito pesada, e utilizá-la para vasculhar grandes áreas implicaria uma enorme demanda de tempo.

Se eu quisesse levar os estudos a sério, não poderia gastar todo o meu tempo esquadrinhando a Índia com o Google Earth. Portanto, após a empolgação inicial, eu disse a mim mesmo que estava só perdendo tempo e tentei não deixar que aquilo me distraísse muito. Empreguei algum tempo verificando determinados lugares, concentrando-me nas regiões a nordeste de Kolkata por vários meses, intermitentemente. Mas não encontrei nada de familiar.

Por um tempo, alguns dos meus amigos se acostumaram a me ouvir anunciar que tinha desistido da busca, apenas para admitir, mais tarde, que a ideia ainda estava na minha cabeça. Muitos dos meus compatriotas detetives voltaram para a Índia e outros deixaram de tocar no assunto por acharem que eu não me incomodava tanto com aquilo quanto pensaram inicialmente.

Por fim, acabei deixando tudo de lado. A busca começou a me parecer um tanto abstrata. Eu sentia que não estava chegando a lugar nenhum — procurava uma agulha no palheiro, e a tarefa parecia estar além do compromisso que eu podia assumir. Estava na universidade para estudar, o que requeria muito da minha atenção, e eu não queria me transformar em um eremita, plantado na frente de um computador o tempo inteiro. Algumas pessoas bem-intencionadas até me alertaram de que a busca poderia me deixar louco. Eu tinha sido criado como australiano em uma família amorosa. O destino havia me tirado de uma situação extremamente difícil e me dado uma vida confortável — talvez eu devesse aceitar que o passado tinha ficado para trás e seguir em frente.

Hoje percebo que também estava um pouco amedrontado e inseguro quanto às minhas memórias — tinha vivido com elas por tanto tempo, e as havia agarrado com tanto afinco, que desejava ardentemente preservá-las, junto com o cerne de esperança que continham. Se eu voltasse atrás e procurasse, mas não encontrasse nada, isso significaria que eu realmente tinha de colocar uma pedra no passado? Se eu não fosse capaz de encontrar nenhum traço da minha casa e da minha família, como poderia continuar me apegando à sua memória? Retomar a busca sem nenhuma garantia de sucesso poderia arruinar o pouco que eu tinha.

Sem pistas, completei o curso superior e me mudei de volta para Hobart em 2009, onde arranjei um emprego em um bar para me sustentar. Apesar do diploma que levava no bolso, bastaram algumas semanas para eu perceber que tinha perdido o interesse na minha área de trabalho. Já havia entrevisto isso quando ainda estava em Canberra, mas quis pelo menos completar o curso.

    Todos nós, jovens adultos, passamos por uma fase em que nos perguntamos o que deveríamos estar fazendo da vida — ou, pelo menos, que direção devemos tomar. Além de pensar em como se manter, é preciso refletir sobre o que consideramos mais importante na vida. No meu caso, descobri que era a família, o que não é de surpreender. Talvez, ter me afastado de Hobart por um tempo tivesse fortalecido esse sentimento. E o fato de eu ter voltado a me interessar pelo meu passado havia me levado a pensar no meu relacionamento com minha família em Hobart. Então me ocorreu que o negócio familiar dos Brierleys talvez me desse a oportunidade de esclarecer certos aspectos da nossa vida em comum, e fiquei bastante empolgado quando meus pais concordaram que era uma boa ideia.

    Meus pais adotivos possuem uma empresa de venda de acessórios industriais, como mangueiras, válvulas e bombas, cuja administração fica a cargo de papai. Por uma enorme coincidência, papai abriu o negócio no dia em que eu cheguei da Índia — ele deixou meu avô em seu escritório novinho em folha, atendendo às eventuais ligações, e partiu para Melbourne com mamãe para me buscar.

Trabalhar na empresa significava conviver com papai diariamente, e logo percebi que tinha feito a escolha certa. Trabalhar com ele era inspirador. Acho que algo de sua determinação, de sua ética de trabalho e de seu foco no sucesso acabou passando para mim. Ele com certeza me mantinha ocupado, mas acho que isso nos aproximou. Mantosh, mais tarde, seguiu o mesmo caminho, de modo que hoje estamos todos envolvidos e trabalhando juntos.

Ao mesmo tempo, comecei um novo relacionamento, e eu e minha namorada fomos morar juntos. Com a mudança de volta para Hobart e tudo que ela trouxe, aprendi que voltar às minhas raízes não era o mais importante na vida, se sobrepondo a todo o resto. Entendo que isso possa soar estranho para algumas pessoas. Filhos adotivos, independentemente de algum dia terem conhecido os pais biológicos, com frequência descrevem uma sensação constante, quase torturante, de que falta algo na vida: sem nenhuma ligação com suas origens ou ao menos com o lugar de onde vieram, que muitas vezes até desconhecem, eles se sentem incompletos. Eu não sentia isso. Jamais esqueci minha mãe e minha família indianas — e jamais esquecerei —, mas o fato de ter me separado deles nunca chegou a criar um bloqueio que, de algum modo, me impedisse de buscar uma vida plena e feliz. Eu havia aprendido rápido, por questão de sobrevivência, que precisava aproveitar as oportunidades à medida que elas surgissem — se surgissem — e olhar para a frente. Parte disso consistia em aceitar com gratidão a vida que me foi oferecida por meio da adoção. Assim, tentei me concentrar novamente na vida que tinha.

8

A BUSCA

Mais que qualquer um, eu já deveria saber que a vida dá reviravoltas inesperadas. Mas as coisas ainda podem me pegar completamente de surpresa. E, embora talvez eu seja mais habilidoso que algumas pessoas em lidar com novas circunstâncias — mudanças de carreira, de localização e até de destino —, mudanças emocionais me atingem tanto quanto qualquer pessoa. Talvez até com um pouco mais de intensidade.

Trabalhar com papai e aprender a ser um vendedor foi ótimo — ainda trabalho na área até hoje —, mas meu relacionamento com minha namorada se provou turbulento e nosso término foi muito difícil. Embora a iniciativa de terminar tenha partido de mim, fui tomado por um sentimento de abandono e arrependimento. Eu me mudei de volta para a casa dos meus pais e atravessei um período sombrio de emoções conflitantes: rejeição, desapontamento, amargura, solidão e uma sensação de fracasso. Às vezes, não conseguia ir trabalhar ou cometia erros no trabalho por simples distração. Meus pais se perguntavam quando eu me recuperaria e voltaria a ser aquela pessoa positiva e proativa que acreditavam que eu havia me tornado.

Tive a felicidade de fazer bons amigos ao longo dos anos. Um encontro por acaso com Byron, um cara que eu conhecia do tempo em que trabalhava em bares e boates, o levou a sugerir que fosse morar por um tempo num quarto vago na casa dele. Byron havia se tornado médico e me apresentou a um novo pessoal. Sua gentileza e as pessoas novas que conheci me ajudaram muito a me restabelecer. Se a família sempre foi o mais importante na minha vida, os amigos não estavam muito atrás.

Byron sempre saía para se divertir, e muitas vezes eu gostava de acompanhá-lo, mas também adorava ficar sozinho em casa. Ainda que estivesse muito menos deprimido, eu continuava pensando no término e em como pensar em mim como indivíduo e não como parte de um casal. E, embora eu não creia que minha infância tenha tornado esse processo mais fácil ou mais difícil, ele me fez voltar a pensar seriamente sobre minha vida na Índia.

Byron tinha internet de banda larga em casa e eu havia comprado um laptop novo, mais rápido. Mesmo nos períodos da vida em que eu não sentia a necessidade de reconstituir meu passado, nunca esqueci o assunto ou deixei de considerá-lo como uma possibilidade. Nessa nova fase da vida, eu estava mais ligado aos meus pais através da empresa da família, e até sentia que estava retribuindo um pouco do que fizeram por mim. Isso me dava a confiança necessária para enfrentar outra vez os riscos emocionais da busca. Sim, eu tinha muito a perder — cada vez que a busca fracassava, a certeza que eu tinha quanto às minhas memórias se abalava um pouco —, mas muito a ganhar também. Eu começava a me questionar se não estava evitando a busca e se não estaria equivocado em acreditar que isso não afetava minha capacidade de tomar a dianteira nos outros domínios da vida. Isso não seria apenas falta de empenho, como aquela época da adolescência que eu tinha passado vagabundeando com meus amigos? E se o improvável acontecesse e eu conseguisse encontrar a cidade da minha infância? Como poderia deixar passar a chance de descobrir de onde eu vinha, e talvez até encontrar minha mãe biológica?

Então decidi que retomar essa busca — em um ritmo mais lento — seria parte de voltar a assumir uma perspectiva positiva sobre a vida. Talvez o passado ajudasse a moldar o futuro.

Minha nova busca não começou como uma obsessão.

Quando Byron não estava em casa, eu costumava passar umas duas horas observando as várias cidades de nome semelhante a "Berampur". Ou, às vezes, vasculhava a costa leste para ver se encontrava alguma coisa. Cheguei até a dar uma olhada numa cidade chamada Birampur, em Uttar Pradesh, perto de Deli, no centro-norte da Índia, mas o lugar ficava a uma distância enorme de Kolkata e eu não poderia ter viajado para tão longe em algo em torno de doze horas. No fim, acabei descobrindo que sequer havia uma estação de trem na cidade.

Essas incursões ocasionais me mostraram que era bobagem fazer a busca por cidades, principalmente porque eu não tinha certeza do nome. Se eu queria fazer isso direito, teria de fazê-lo com estratégia e método.

Repassei tudo o que eu sabia. Eu vinha de um lugar onde muçulmanos e hindus viviam próximos uns dos outros e onde se falava hindi. Isso se aplicava à maior parte da Índia. Relembrei todas as noites que havia passado ao ar livre, sob as estrelas, o que no mínimo indicava que o lugar não deveria ficar nas regiões mais frias do norte. Além disso, eu não tinha vivido na costa, embora não pudesse descartar a possibilidade de ter morado perto do mar. Também não vivera nas montanhas. Minha cidade tinha uma estação de trem — a Índia está repleta de ferrovias, mas elas não passam por todos os municípios e vilarejos.

Outro fator era a opinião dos meus colegas de faculdade indianos, de que eu me parecia com alguém do leste, talvez da região de Bengala Ocidental. Eu tinha dúvidas quanto a isso — a região, localizada no extremo oriente do país, perto de Bangladesh, abrangia parte dos Himalaias, o que não me parecia correto, bem como parte do delta do Ganges, que por sua vez era muito mais exuberante e fértil que o lugar de onde eu tinha vindo. Mas, como essas pessoas conheciam a Índia pessoalmente, achei tolice descartar o palpite.

Eu também acreditava ser capaz de me lembrar de uma quantidade suficiente de pontos de referência na paisagem para reconhecer minha cidade se topasse com ela, ou ao menos para restringir a área de busca. Conhecia a ponte sobre o rio onde brincávamos e a barragem que restringia o fluxo de água. Sabia o caminho da estação de trem até nossa casa e qual era o desenho da estação.

Também acreditava me lembrar bem da estação com nome semelhante a "Berampur", onde havia embarcado no trem. Porém, embora eu tivesse ido até lá algumas vezes na companhia dos meus irmãos, eles nunca me deixaram sair do edifício, portanto eu não sabia nada sobre a cidade onde a estação ficava — tudo o que eu tinha visto para além da saída havia sido uma espécie de rotatória para carroças e carros e uma estrada que saía dela e levava até a cidade. Mesmo assim, já eram duas características. Lembro-me do prédio da estação e de que só duas linhas de trem passavam por ele, para além das quais se podia ver uma grande caixa-d'água no alto de uma torre. Havia também uma passarela para pedestres que se erguia sobre os trilhos. E, pouco antes de parar na estação, vindo da minha cidade, o trem passava pela garganta de um pequeno desfiladeiro.

Portanto, eu tinha algumas ideias vagas sobre possíveis regiões, bem como alguns meios de identificar Ginestlay e o lugar de nome semelhante a "Berampur", se os encontrasse. Agora, precisava de um método de busca mais eficaz. Percebi que o nome dos lugares era uma distração, ou ao menos não era um ponto de partida adequado. Por isso, comecei a pensar no fim da viagem. Eu sabia que havia uma linha de trem que ligava o lugar cujo nome começava pela letra "B" a Kolkata. Pela lógica, portanto, se eu seguisse todas as linhas que saíam de Kolkata, eventualmente encontraria meu ponto de partida. De lá, minha cidade também estaria ferrovia acima, não muito longe dali. Talvez eu até topasse com a minha cidade primeiro, dependendo de como as linhas se conectassem. Mas a perspectiva era intimidadora — havia muitas, muitas linhas saindo do complexo ferroviário nacional da estação de Howrah, em Kolkata, e meu trem pode ter ziguezagueado por qualquer uma das linhas dessa malha. Era improvável que a rota fosse simples e direta.

Ainda assim, mesmo considerando a possibilidade de alguns trajetos sinuosos e irregulares na saída da estação de Howrah, também havia um limite de distância que eu poderia ter percorrido dentro daquele intervalo de tempo. Eu havia passado, acho, um longo tempo dentro daquele trem — algo entre doze e quinze horas. Se eu fizesse alguns cálculos, poderia restringir a área de busca, descartando lugares muito distantes.

Por que eu não tinha pensado nisso com essa clareza antes? Talvez a dimensão do problema tivesse me impressionado, me impedindo de pensar direito, focado demais em coisas que não sabia em vez de me concentrar no que sabia. Mas, quando percebi que poderia transformar aquilo numa tarefa meticulosa que simplesmente demandava certa dedicação, senti algo despertar dentro de mim. Se tudo de que eu precisava era tempo e paciência para encontrar minha cidade, contando com a ajuda do olho divino do Google Earth, então era isso que eu faria. Encarando o problema tanto como um desafio intelectual quanto como uma aventura emocional, mergulhei na tarefa de solucioná-lo.

* * *

Primeiro, me debrucei sobre a questão da área de busca. A que velocidade os trens indianos movidos a diesel poderiam se locomover? E isso teria mudado muito desde os anos oitenta? Pensei que talvez meus amigos indianos da faculdade tivessem alguma ideia, sobretudo Amreen, cujo pai trabalhava na rede ferroviária, então entrei em contato com eles. O consenso geral foi em torno de setenta e oitenta quilômetros por hora. Pareceu-me um bom começo. Considerando que tinha ficado preso no trem por algo entre doze e quinze horas noite adentro, calculei quantos quilômetros poderia ter viajado nesse tempo e cheguei à conclusão de que teriam sido uns mil quilômetros.

Portanto, o lugar que eu procurava ficava a uns mil quilômetros da estação de Howrah, ao longo de uma linha de trem. No Google Earth, é possível desenhar réguas no mapa e com elas medir distâncias precisas, então tracei uma linha circular que demarcava mil quilômetros ao redor de Kolkata e a salvei para minhas buscas. Isso significava que, além de Bengala Ocidental, minha busca também deveria incluir Jharkhand, Chhattisgarh e quase toda a metade ocidental do estado de Madhya Pradesh, localizado na região central do país, além de Orissa, mais ao sul, Bihar, um terço de Uttar Pradesh, ao norte, e a maior parte do nordeste da Índia, que circunscreve Bangladesh. (Eu sabia que não era de Bangladesh, pois neste caso falaria bengali e não hindi, e isso se confirmou quando descobri que a ferrovia que ligava os dois países tinha sido construída havia poucos anos.)

A vastidão do território abarcado era estarrecedora: cerca de 962.300 quilômetros quadrados, mais de um quarto da enorme massa de terra que compõe a Índia. Dentro dessa área, viviam 345 milhões de pessoas, e, embora eu me esforçasse para não me envolver emocionalmente, não conseguia parar de imaginar se seria possível encontrar os quatro integrantes da minha família entre elas.

Ainda que meus cálculos se fundamentassem em um palpite e, portanto, fossem muito imprecisos; e mesmo que a área de buscas ainda fosse enorme, tive a sensação de estar restringindo as coisas. Em vez de revirar a palha aleatoriamente em busca da agulha, eu podia me concentrar em uma porção administrável, colocando-a de lado caso se provasse infrutífera.

As vias férreas localizadas dentro da zona de buscas não se prolongavam em linha reta, obviamente — eram muitas voltas, contravoltas e entroncamentos, enquanto os trilhos serpenteavam e percorriam uma distância muito maior que mil quilômetros antes de chegarem aos limites da área que havia demarcado. Por isso, meu plano era começar de Kolkata, único ponto da viagem sobre o qual eu tinha certeza.

A primeira vez que aumentei o zoom sobre a estação de Howrah e vi as fileiras de telhados de duas águas que cobriam as plataformas e todos aqueles trilhos que brotavam de dentro delas como a ponta de uma corda puída, voltei direto aos meus 5 anos. Eu estava prestes a embarcar numa versão *high-tech* do que tinha feito na primeira semana naquele lugar, tomando trens aleatoriamente para ver se voltavam para casa.

Respirei fundo, escolhi uma linha de trem e comecei a segui-la.

O avanço seria lento. Mesmo com banda larga, meu laptop precisava carregar a imagem, o que levava tempo — no início, ela estava em baixa resolução, e depois se transformava em uma fotografia aérea. Eu procurava por pontos de referência que fosse capaz de reconhecer, com especial atenção às estações, pois eram os lugares de que me lembrava com mais nitidez.

Quando, pela primeira vez, reduzi o zoom para ver a distância que tinha percorrido ao longo da ferrovia, fiquei impressionado com o pequeno progresso após tantas horas de trabalho. No entanto, em vez de me sentir frustrado e impaciente, descobri em mim a enorme confiança de que encontraria o que estava procurando, desde que fosse meticuloso. Depois disso, foi com muita tranquilidade que retomei minhas buscas. Na verdade, a busca logo se tornou empolgante, e eu voltava ao computador várias noites por semana. Antes de parar, marcava o ponto até onde tinha avançado na ferrovia e salvava a busca para retomá-la na próxima oportunidade.

Deparava com estações de carga, viadutos, túneis, pontes sobre rios e entroncamentos. Às vezes, eu avançava mais rápido por alguns instantes sem nenhum cuidado, mas então, nervoso, voltava e repetia o trajeto, alertando a mim mesmo que, se não fosse metódico, jamais poderia me certificar de ter visto tudo. Eu não pulava trechos para procurar por estações, para o caso de perder alguma estação menor — seguia os trilhos para que pudesse verificar qualquer coisa que aparecesse. E, quando chegava ao limite da fronteira que havia estabelecido, voltava pela mesma linha até o entroncamento anterior e rumava em outra direção.

Lembro que, nessas primeiras noites de procura, certa noite, deparei com um rio que passava não muito longe de uma cidade. Respirei fundo e aproximei a imagem. Não havia barragem, mas pensei que talvez pudessem tê-la retirado desde então. Rapidamente movimentei o cursor para arrastar a imagem. Era a região certa? Era bastante verde, mas havia muitas fazendas nas proximidades da minha cidade. Continuei observando enquanto a cidade deixava de ser pixelada diante dos meus olhos. Era uma cidade bem pequena. Pequena demais, para dizer a verdade. Mas, da perspectiva de uma criança... Além disso, uma passarela para pedestres se elevava por sobre a ferrovia perto da estação! Mas o que eram aquelas grandes áreas vazias pontilhadas ao redor da cidade? Três lagos, talvez quatro ou até cinco, dentro dos limites do pequenino vilarejo: de repente, ficava óbvio que aquele não era o lugar certo. Não se põem abaixo bairros inteiros para construir lagos. E, claro, muitas, muitas estações tendem a ter passarelas, e várias cidades se situam perto de rios que lhes provejam água e por sobre os quais as ferrovias têm de passar. Quantas vezes mais eu me perguntaria se todos os marcos da paisagem coincidem só para depois perceber, de olhos cansados e doloridos, que estava errado novamente?

Foram meses que eu passava horas em frente ao computador algumas noites por semana. Byron se certificava de que eu passasse as outras noites no mundo real, para que não me tornasse um eremita da internet. Nessas etapas iniciais cobri toda a área rural de Bengala Ocidental e Jharkhand sem encontrar nada de familiar, mas pelo menos isso significava que grande parte das imediações de Kolkata podiam ser excluídas, apesar do palpite dos meus amigos indianos — eu tinha vindo de mais longe.

Alguns meses depois, tive a sorte de encontrar alguém com quem comecei um novo relacionamento, motivo pelo qual a busca deixou de ser uma prioridade por algum tempo. Lisa e eu tivemos um começo conturbado, com términos e reconciliações, o que também significava que houve inconstância nos períodos que eu passava fazendo buscas na internet, até por fim nos estabilizarmos no relacionamento duradouro que mantemos até hoje.

Eu não sabia como uma namorada se adaptaria à lenta jornada de seu companheiro de vasculhar mapas em um laptop. Mas Lisa compreendia a crescente importância daquela busca para mim e foi paciente e solidária. Ela, como todo mundo, ficou impressionada com meu passado, e desejava que eu encontrasse respostas. Fomos morar juntos em uma pequena quitinete em 2010. Eu pensava naquelas noites em frente ao laptop como um passatempo, como se estivesse jogando jogos de computador. Segundo Lisa, porém, mesmo naquela época, quando nosso relacionamento estava no auge, eu era obsessivo. Pensando em retrospectiva, vejo que isso é verdade.

Depois de todos os anos em que minha história esteve apenas nos meus pensamentos e sonhos, eu sentia que me aproximava da realidade. Decidi que, dessa vez, não daria ouvidos a ninguém que me dissesse "Talvez esteja na hora de seguir em frente" ou "É simplesmente impossível encontrar sua cidade vasculhando toda a Índia dessa maneira". Lisa nunca disse essas coisas, e, com o apoio dela, eu fiquei ainda mais determinado a ser bem-sucedido.

Não contei a muitas pessoas o que estava fazendo, nem sequer aos meus pais. Tinha medo de que interpretassem mal minhas intenções: eles poderiam pensar que a intensidade da busca revelava um descontentamento com a vida que me deram ou com a maneira como me criaram. Também não queria que pensassem que eu estava desperdiçando meu tempo. Portanto, ainda que a tarefa ocupasse cada vez mais minha vida, eu a mantive em segredo. Despedia-me de papai às cinco da tarde e às cinco e meia já estava em casa, em frente ao laptop, avançando lentamente ao longo dos trilhos e analisando as cidades a que as linhas conduziam. Foi assim por meses — já fazia mais de um ano desde que eu tinha começado. Mas eu pensava que, ainda que levasse anos ou mesmo décadas, eventualmente todo o palheiro seria revirado — a agulha teria de aparecer, desde que persistisse na busca.

Aos poucos, eliminei regiões inteiras da Índia. Rastreei todas as conexões dentro dos estados do nordeste sem encontrar nada familiar, e acreditava que poderia excluir Orissa também. Determinado a ser metódico, independentemente do tempo que levasse, comecei a seguir linhas ferroviárias que ultrapassavam o limite de mil quilômetros que eu havia estabelecido originalmente. Ao sul, depois de Orissa, eliminei Andhra Pradesh, que se prolongava por mais 500 quilômetros pela costa leste. Jharkhand e Bihar também não revelaram nada de promissor, e, como fui parar em Uttar Pradesh, resolvi prosseguir e cobrir a maior parte do estado. Na verdade, acabei substituindo o limite que eu tinha estabelecido pelas fronteiras estaduais como forma de marcar meu progresso. Eliminar áreas de estado em estado era uma forma de multiplicar as metas, o que me servia de incentivo.

A não ser quando havia alguma tarefa urgente no trabalho ou outro compromisso incontornável, eu me sentava ao laptop sete noites por semana. Saía com Lisa às vezes, claro, mas assim que voltávamos para casa eu ia para o computador. De vez em quando, surpreendia-a me olhando de forma estranha, como se pensasse que talvez eu estivesse meio louco. Ela dizia "De novo na frente do computador!", mas eu respondia "Eu tenho que fazer isso... Sinto muito mesmo!". Acho que Lisa sabia que teria de esperar até que eu me cansasse daquilo e perdesse o interesse. Eu era uma pessoa distante na época, mas, embora Lisa tivesse todo o direito de se sentir sozinha num relacionamento que estava apenas começando, conseguimos superar o problema. E, em alguma medida, o ato de compartilhar algo que era tão fundamental para mim pode ter ajudado a fortalecer nossos vínculos — e isso vinha à tona quando conversávamos, vez ou outra, sobre o significado disso tudo para mim. Nem sempre era fácil expressar o que eu sentia, sobretudo porque procurava manter minhas expectativas dentro de certos limites, tentando me convencer de que aquela era uma atividade fascinante, e não uma busca pessoal profundamente significativa. Às vezes, as conversas com Lisa revelavam o significado oculto que a busca tinha para mim: que eu estava à procura da minha casa com o objetivo de dar o assunto por encerrado, de entender meu passado e, talvez, a mim mesmo no processo, na esperança de restabelecer relações com meus familiares indianos para que soubessem o que tinha acontecido comigo. Lisa compreendia tudo isso e não se ressentia de nada, mesmo que às vezes desejasse me arrancar da frente daquele computador para o meu próprio bem.

Lisa às vezes dizia que seu maior medo era de que, caso eu encontrasse o que estava procurando e decidisse voltar à Índia, o que aconteceria se, por algum motivo, não fosse o lugar certo ou se eu não encontrasse minha família lá? Eu voltaria para Hobart e simplesmente começaria tudo de novo, retomando obsessivamente minhas buscas on-line? Eu não tinha como responder àquilo. Não conseguia pensar na hipótese de falhar.

Muito pelo contrário, mergulhei com ainda mais intensidade nas minhas pesquisas à medida que o ano de 2010 chegava ao fim, e a velocidade da nova conexão ADSL 2+, que tínhamos adquirido recentemente, facilitou carregar as imagens e dar ou tirar o zoom. Mesmo assim, tinha de ir devagar — se me apressasse, mais tarde eu me perguntaria se não havia perdido nada. Além disso, não podia distorcer minhas memórias para que se encaixassem no que estivesse vendo.

No início de 2011, passei a me concentrar mais em áreas centrais da Índia, em Chhattisgarh e Madhya Pradesh. Gastei meses examinando essas áreas, incansável, metódico.

É claro que, em certos momentos, eu questionava se o que estava fazendo era uma boa ideia ou até mesmo saudável. Noite após noite, com as últimas reservas diárias de energia e força de vontade que me sobravam, eu me sentava em frente à tela e observava linhas de trem em busca de lugares que pudesse reconhecer nas minhas lembranças de menino. Era uma atividade repetitiva, forense, e às vezes me causava claustrofobia, como se eu estivesse enclausurado e enxergasse o mundo através de uma pequena janela, incapaz de me libertar do meu percurso, preso a um eco alucinante dos meus suplícios de infância.

E então, em uma noite de março em que me encontrava exatamente nesse estado de humor, por volta de uma da manhã, mergulhei de cabeça, frustrado, no palheiro, e isso mudou tudo.

9

A DESCOBERTA

Como sempre, no dia 31 de março de 2011, eu havia chegado do trabalho, pegado meu laptop, aberto o Google Earth e me sentado no sofá para mais uma sessão de buscas, fazendo apenas uma pequena pausa para jantar quando Lisa chegou. Na época, estava examinando o centro-oeste da Índia, então retomei a busca na região, "viajando" por uma linha de trem perto dos limites da área de busca que eu tinha definido originalmente. Mesmo com banda larga, o processo era lento. Continuei pelo que me pareceu uma eternidade, observando algumas estações, mas, como de costume, quando diminuí o zoom, descobri que havia coberto apenas uma área minúscula. A região era verdejante demais para abrigar a cidade poeirenta de que me lembrava, pensei, mas àquela altura eu já sabia que a paisagem do interior da Índia mudava constantemente conforme era atravessada.

Depois de algumas horas, havia terminado de seguir uma linha que levava a um entroncamento e fiz uma pausa. Entrei um pouco no Facebook, depois esfreguei os olhos, alonguei as costas e voltei à minha incumbência.

Antes de dar zoom novamente, passeei pelo mapa para ter uma noção de por onde seguia a linha mais a oeste do entroncamento. Observei colinas, florestas e rios se estendendo, um terreno aparentemente interminável de características mais ou menos semelhantes. Eu me distraí com um grande rio que desaguava no que parecia ser um enorme lago profundo e azul chamado Nal Damayanti Sagar, pelo que pude ver, que era cercado por uma vegetação exuberante e algumas montanhas, ao norte. Por um tempo, eu me diverti com essa pequena exploração indulgente, sem relação com minha busca, como uma caminhada recreativa de grandes proporções. Estava ficando tarde, afinal de contas, e eu logo encerraria as atividades do dia.

Não parecia haver nenhuma linha de trem nessa parte do país, e talvez tenha sido por isso que tenha achado relaxante observar aquela paisagem. Mas, assim que percebi isso, comecei quase inconscientemente a procurar por uma ferrovia. Havia vilarejos e cidades aqui e ali, e fiquei pensando em como as pessoas viajavam sem linhas de trem — talvez não se deslocassem tanto assim. E, mais a oeste, nada de trilhos! Então, conforme a vegetação dava lugar a plantações, enfim me deparei com um símbolo azul que representava uma estação de trem. Eu estava tão habituado a procurar por estações que me senti aliviado ao encontrá-la, e então examinei aquela minúscula estação de beira de estrada, localizada a apenas alguns edifícios de distância de uma ferrovia principal com muitas linhas. Por hábito, comecei a rastrear a rota que serpenteava na direção sudoeste. Logo cheguei a outra estação, um pouco maior, onde também só havia plataforma de um dos lados da linha, mas com algumas áreas urbanas de cada lado. Isso explicava a passarela elevada, e aquilo ali perto por acaso... era uma caixa-d'água? Prendendo a respiração, dei zoom para olhar mais de perto. Com certeza, tratava-se de uma caixa-d'água municipal bem do outro lado dos trilhos e não muito longe de uma grande passarela para pedestres que atravessava a ferrovia. Rolei a tela na direção da cidade e vi algo inacreditável: uma via em forma de ferradura que rodeava uma praça bem do lado de fora da estação. Era a rotatória que eu costumava ver da plataforma. Seria ela? Diminuí o zoom e descobri que a linha de trem costeava o noroeste de uma cidade bem grande. Cliquei no símbolo azul da estação para ver o nome — chamava-se Burhanpur.

Meu coração quase parou. *Burhanpur!*

Não reconheci a cidade mas também nunca tinha entrado nela — jamais havia deixado a plataforma. Aproximei a imagem de novo e reexaminei a rotatória, a caixa-d'água e a passarela, e tudo estava posicionado como eu lembrava. Isso significava que, não muito longe dali, ferrovia acima, eu deveria encontrar minha cidade, Ginestlay.

Quase com medo de prosseguir, arrastei o cursor para mover a imagem na direção norte ao longo da linha. Quando vi que os trilhos cruzavam a garganta de um desfiladeiro bem no início de uma área construída, senti a adrenalina correr nas minhas veias — lembrei, por um instante, que o trem que eu tomava com meus irmãos atravessava uma pequena ponte sobre uma garganta como essa, antes de parar na estação. Prossegui ainda mais ansioso, rumo ao leste e depois ao nordeste, às vezes aumentando o zoom, por mais de setenta quilômetros de fazendas verdes, algumas colinas cobertas de mata e pequenos rios. Então atravessei áreas de terra seca improdutiva, interrompidas por um mosaico de terrenos irrigados e por vilarejos aqui e ali, até que alcancei uma ponte sobre um rio relativamente grande, de onde podia ver os limites da cidade à frente. O fluxo do rio era significativamente reduzido debaixo da ponte por duas barragens, uma de cada lado. Se eu estivesse no lugar certo, esse era o rio onde costumava brincar, e deveria haver uma barragem de concreto de maiores dimensões à minha direita, um pouco mais distante da ponte.

E lá estava ela, saltando aos meus olhos como num dia ensolarado, que era como o tempo devia estar quando o satélite passou pela região e tirou a foto.

Fiquei ali sentado com os olhos fixos na tela pelo que me pareceu uma eternidade. O que eu estava vendo coincidia exatamente com as imagens que guardava na memória. Eu não conseguia pensar direito, paralisado de empolgação e morto de medo de prosseguir.

Por fim, me forcei a dar o passo seguinte, bem devagar, nervoso. Tentei me acalmar para não fazer nenhum julgamento precipitado. Se eu realmente estava olhando para Ginestlay pela primeira vez em vinte e quatro anos, então deveria ser capaz de seguir o caminho de que me lembrava, do rio até a estação, só um pouquinho mais acima. Voltei a arrastar o cursor, rolando lentamente o mapa para traçar o caminho: um suave zigue-zague junto a um afluente do rio, em volta de um campo cultivado, por baixo de um elevado e então... a estação. Cliquei no símbolo azul e o nome surgiu na tela: Khandwa Railway Station.

O nome não significava nada para mim.

Senti um embrulho no estômago. Como assim? Tudo havia parecido tão certo desde Burhanpur, que certamente deveria ser a cidade com "B" de que tantas vezes eu tinha tentado me lembrar. Mas, se a ponte e o rio estavam ali, onde estava Ginestlay? Tentei não me desesperar. Eu havia passado muito tempo dentro e nas imediações da estação da minha cidade quando era menino, portanto conferi as coisas de que me lembrava: as três plataformas, a passarela coberta para pedestres que as ligava, uma rua que passava por baixo dos trilhos na extremidade norte. Mas não era exatamente a existência desses elementos bastante comuns que identificaria o local, mas a posição de cada um deles em relação aos outros. E tudo coincidia. Também me lembrava de uma enorme fonte dentro de um parque perto da tal rua que passava por baixo dos trilhos e a procurei. E, claro, estava um pouco indistinta, mas acreditei ter detectado seu formato circular em uma clareira no meio de um bosque.

Dali, eu conhecia o caminho até onde deveria estar minha casa. Era por isso que eu o havia repassado mentalmente tantas vezes desde quando era pequeno: para nunca o esquecer. Segui a rota a partir da fonte, ao longo da rua que passava por baixo dos trilhos e, depois, pelas ruas e vielas por onde tinha caminhado quando criança — como costumava me imaginar andando quando, deitado na cama em Hobart à noite, tentava me projetar mentalmente na minha casa na Índia para dizer à minha mãe que eu estava bem. Antes mesmo de perceber que já havia percorrido uma distância suficiente, estava olhando para meu bairro de infância. Tinha certeza disso.

Entretanto, nada parecido com "Ginestlay" surgia no mapa. Era um sentimento estranho, e com o qual me familiarizaria na época — uma parte de mim sabia, mas a outra, duvidava. Eu tinha certeza de que era o lugar certo, mas durante todo esse tempo também havia tido certeza quanto ao nome "Ginestlay". "Khandwa" não me remetia a nada. Talvez Ginestlay fosse uma parte de Khandwa, um subúrbio. Parecia possível. Examinei o labirinto de vielas onde morávamos, e, embora as imagens não fossem tão nítidas quanto as que eram geradas quando eu olhava meu bairro em Hobart, estava certo de que conseguia ver o pequeno telhado retangular da minha casa na infância. Claro, eu nunca tinha visto o lugar de cima, mas o edifício tinha o mesmo formato e estava onde devia estar. Perambulei pelas ruas por um tempo, espantado, tentando processar tudo aquilo, até que não consegui mais conter minha empolgação.

Virei-me para Lisa e lhe disse em voz alta: "Encontrei minha cidade! Você tem que ver isso!" Foi só então que percebi que já era tarde da noite — eu tinha passado mais de sete horas ininterruptas no computador, exceto pelo jantar.

Lisa apareceu bocejando no canto da sala, de camisola. Ela levou um tempo para acordar direito, mas, mesmo sonolenta, pôde ver que eu estava empolgado. "Tem certeza?", perguntou. "É ela, é ela!", respondi. Naquele momento, eu estava convencido. "É a cidade onde eu morava!"

Foram oito meses de busca incessante e quase cinco anos passaram desde que eu tinha baixado o Google Earth pela primeira vez.

Lisa sorriu e me abraçou com força. "Que bom! Você conseguiu, Saroo!"

Depois de uma noite em claro, fui procurar papai no escritório da empresa. Para ele, a notícia seria uma completa novidade, e eu sabia que talvez fosse necessário um pouco de persuasão para convencê-lo. Tentei ensaiar mentalmente o que iria lhe dizer, na esperança de dar um ar de maior seriedade ao assunto, mas, no fim, tudo o que consegui foi fazer uma expressão austera enquanto dizia: "Papai, acho que encontrei a cidade onde eu morava na Índia."

Ele parou o que estava fazendo no computador. "Sério? Em um *mapa*?" Dava para ver seu ceticismo. "Tem certeza?"

Era uma reação natural à improbabilidade da descoberta. O que havia acontecido? De repente, depois de todos esses anos, eu havia me lembrado de onde tinha vindo? Contei a ele que eu realmente tinha certeza e lhe disse como havia encontrado o lugar. Papai continuou duvidando, em parte para me proteger da possibilidade de eu estar errado. A cautela era compreensível, mas eu precisava que ele soubesse da minha certeza e que partilhasse dela.

Em retrospectiva, vejo que uma das razões por que queria tanto que papai acreditasse em mim era que o ato de contar aquilo a ele representava para mim o início da minha jornada de volta à

Índia. Lisa, obviamente, estava sempre comigo na minha busca e partilhava das minhas esperanças, mas contar tudo a papai tornava a descoberta mais real, assim como a necessidade de fazer algo a respeito. Eu não tinha planos concretos sobre o que fazer em seguida, mas compartilhar a novidade me fez compreender que esse era o início, não o fim, de uma jornada. Daquele momento em diante, estava claro que o achado era um divisor de águas, e para todos nós, mesmo que eu não descobrisse mais nada.

Contar a mamãe era outro passo. Ela sabia que eu tinha certo interesse em encontrar minha casa na Índia e que buscava pistas na internet, mas não sabia que eu tinha procurado ativamente. Era ela quem eu tinha mais medo de contrariar. Mamãe nutria tanta fé e dedicação na adoção e na família que tinha conseguido formar com base nisso, que eu temia afetá-la negativamente com aquela novidade.

Assim, naquela noite, nos reunimos na casa da família, todos levemente nervosos. Quanto a mim, estava ansioso para lhes mostrar as imagens do Google Earth que tinham me convencido de que havia encontrado minha cidade. A reação deles foi tímida. A ideia de que eu tinha usado uma ferramenta de visão panorâmica para vasculhar um dos países mais populosos do mundo, procurando paisagens de que me lembrava de quando eu tinha 5 anos, e de que eu realmente havia encontrado o que estava procurando, era inacreditável ou, no mínimo, uma grande surpresa. Mostrei a eles o muro da represa na extremidade sul de Khandwa, as linhas de trem e a passagem que usava para chegar à estação, da mesma forma como tinha descrito à mamãe quando era pequeno.

Acho que, no fundo, todos nós nos perguntávamos o que essa descoberta significaria para o futuro. Eu imaginava se eles não pensavam desde sempre que esse dia chegaria, e se temiam que a Índia chamasse seu filho de volta e, assim, o perderiam para sempre.

Tivemos um jantar um tanto silencioso, pois todos nós guardávamos muitas perguntas na cabeça.

Quando voltei para casa depois do encontro, estava ansioso e cheio de energia. Fui direto para o computador. Talvez eu tivesse me deixado levar pela empolgação — talvez houvesse outras maneiras de confirmar o que eu já sabia. Então, recorri a outra ferramenta, que não existia quando comecei minhas buscas: o Facebook. Procurei por Khandwa e logo achei um grupo chamado "Khandwa: Minha cidade". Enviei uma mensagem ao administrador do grupo:

> será que alguém poderia me ajudar? acho que sou de Khandwa. faz 24 anos que não vejo nem visito a cidade. Só queria saber se tem uma fonte grande perto do cinema...

A fonte era o ponto de referência mais peculiar que eu conseguia pensar. O parque onde ficava era um ponto de encontro muito movimentado, e o monumento circular tinha sobre um pedestal no centro uma estátua de um sábio sentado de pernas cruzadas. Nunca soube de quem se tratava. Mas alguns dos homens santos da cidade com dreadlocks nos cabelos — que hoje sei que são conhecidos como *sadhus* — se banhavam em suas águas frias e proibiam todas as outras pessoas de fazê-lo. Lembro que, certa vez, machuquei a perna em uma cerca de arame farpado quando fugia deles, pois eu e meus irmãos tínhamos entrado na água num dia muito quente. Provavelmente, havia jeitos melhores de tentar identificar o lugar — quem poderia saber o que havia sido demolido desde que eu tinha morado lá? —, mas eu não tinha pensado realmente no que faria quando chegasse àquela etapa. Hoje, parece absurdo dizer isso, mas na época, pelo que suponho, eu pensava que encontraria uma cidade chamada "Ginestlay" e pronto; eu saberia que tinha encontrado minha casa. Porém, nada tinha acontecido como eu esperava: aquela cidade estava bem além da área de busca que eu havia delimitado e, depois de todo o meu cuidadoso planejamento e de todos os meus esforços metódicos, encontrei-a por acidente. Era quase apropriado que fosse assim — meu destino parecia marcado por situações de que eu escapava por um triz, episódios fortuitos e golpes de sorte maravilhosos e abençoados.

Fui para a cama passar outra noite em claro.

A cautela de mamãe e papai se provou ter fundamento. Quando acordei no dia seguinte, a primeira coisa que fiz foi abrir o computador e ver que tinha recebido uma resposta à minha pergunta sobre a fonte na página de Khandwa no Facebook:

> bem, não sei dizer exatamente... tem um jardim perto do cinema, mas a fonte não é muito grande... o cinema está fechado há anos... vamos tentar enviar algumas fotos atuais... Espero que você se lembre de alguma coisa...

Foi desanimador, e me amaldiçoei por ter me deixado levar pela empolgação a ponto de contar tudo a todo mundo precipitadamente. Por que não esperei até receber a resposta de alguém que morasse no lugar? Mas tentei me acalmar. Embora não fosse a confirmação que eu esperava, também não era uma invalidação completa. Agradeci ao administrador e fui para o trabalho com a cabeça na lua. Era difícil me concentrar com todos aqueles mapas e todas aquelas lembranças rodopiando na minha mente. Será que eu mesmo não tinha me enganado? Não foi pura perda de tempo?

Mais tarde naquele mesmo dia, ou no dia seguinte, mamãe me disse que tinha dado uma olhada no mapa que havíamos desenhado juntos no caderno dela quando eu tinha 6 anos, e que a disposição relativa da ponte, do rio e da estação de trem não era exatamente como eu tinha mostrado a ela no Google Earth — mas porque eu havia errado o lugar ou porque eu não tinha conseguido desenhar um mapa preciso aos 6 anos? Ela também tinha ido atrás do mapa que ficava na parede do meu quarto — mamãe mantinha guardado tudo o que dizia respeito à minha criação e à de meu irmão — e havia se surpreendido ao ver que tanto Burhanpur quanto Khandwa estavam indicadas nele. As duas cidades lhe pareciam tão distantes de Kolkata que ela se perguntava se era possível eu ter viajado tantos quilômetros. Era quase do outro lado do país.

A primeira coisa que me veio à cabeça foi que minha casa estivera esse tempo todo indicada no mapa logo acima da minha escrivaninha. Bastava saber para onde olhar. Quantas vezes tinha olhado para todos aqueles nomes, sem conhecer os segredos que ocultavam? Não lembro se alguma vez percebi a palavra Burhanpur em meio aos diversos nomes semelhantes que povoavam aquele mapa, quando eu era mais novo. Se percebi, é óbvio que o excluí, provavelmente por ficar longe demais de Kolkata. E este era o segundo ponto: era, *de fato*, muito mais longe do que eu havia considerado possível. Seria longe demais? Será que os trens eram muito mais rápidos do que havia pensado? Ou será que eu tinha passado muito mais tempo no trem do que imaginava?

Dois dias surreais se passaram. Eu estava preso entre mapas e memórias. As coisas de que sempre havia estado tão certo se dissolviam diante das minhas descobertas. Era isso que eu sempre tinha temido que fosse acontecer? Será que a busca poria abaixo o que eu achava que sabia e não deixaria nada no lugar? Meus pais, Lisa e eu quase não conversamos mais sobre meu progresso, e eu me perguntava se eles estavam tentando me proteger ou se simplesmente esperavam que eu apresentasse provas concretas. Levei todo aquele tempo, enquanto esperava por uma segunda resposta do grupo de Khandwa, para pensar em fazer a eles a pergunta mais óbvia:

Alguém saberia me dizer o nome do vilarejo ou subúrbio localizado na parte superior direita de Khandwa? Acho que começa com "G"... não sei direito como se escreve, mas acho que é mais ou menos assim: "Ginestlay". É isso? A cidade é muçulmana de um lado e hindu do outro, mas isso foi há 24 anos, então pode ser diferente hoje.

Levou mais um dia para que alguém respondesse. Mas, quando a resposta veio, foi de tirar o fôlego:

Ganesh Talai

Isso era o mais próximo da minha má pronúncia infantil que se poderia esperar.

Na minha empolgação, liguei imediatamente para mamãe e papai para dizer a eles que agora não havia dúvida. Eles continuavam preocupados, mas admitiram que tudo se encaixava. Eu tinha encontrado Burhanpur e Khandwa e, agora, o elemento indispensável: Ganesh Talai, o local onde eu tinha morado, onde minha família indiana talvez ainda estivesse, perguntando-se o que havia acontecido comigo.

Nos momentos imediatamente posteriores à minha descoberta, eu não sabia direito o que fazer — era demais para mim. Por um lado, estava tão entusiasmado com meu sucesso que era difícil pensar em outra coisa. Mas, por outro lado, por baixo desses sentimentos havia uma leve incerteza angustiante que me fez, por ora, guardar a novidade entre Lisa, minha família e eu. E se eu estivesse errado? E se estivesse atiçando todo mundo com base em um erro? E se estivesse me enganando? Continuei revisitando as ruas de Khandwa no meu laptop, sondando-as em busca de mais revelações e confirmações, quase paralisado diante da verdade que se anunciava. Era como quando Mantosh e eu éramos crianças, assustados demais para fazer aquela viagem em família à Índia. Estava angustiado, e a angústia se expressava sob a forma de dúvida.

Desde o instante em que encontrei o lugar, procurei controlar minhas expectativas. Tentei me convencer de que era impossível que minha família ainda estivesse lá depois de todo esse tempo. Com quantos anos minha mãe estaria agora?, perguntava-me. Não sabia ao certo, mas a expectativa de vida na Índia provavelmente não era muito alta, e ela havia levado uma vida dura como trabalhadora. Será que minha irmã, Shekila, estaria bem? E Kallu? O que tinha acontecido com Guddu naquela noite em Burhanpur? Será que ele se culpou por eu ter me perdido? Será que algum deles me reconheceria se nos reencontrássemos? Como seria possível encontrar quatro pessoas na Índia, mesmo sabendo onde viviam um quarto de século atrás? Com certeza era impossível.

Minha mente oscilava entre a esperança e a negação, tentando encontrar alguma forma de se ajustar com essas novas possibilidades.

Era óbvio que só havia um jeito de ter certeza. Eu jamais saberia se esse era o lugar certo, se não fosse até lá. Se o visse, saberia. E então, se estivesse convencido, eu dizia a mim mesmo, ficaria feliz em simplesmente poder tirar os sapatos, sentir a terra debaixo dos pés e relembrar o tempo em que caminhava por aquelas ruas e vielas. Não me permitia ir além disso e pensar em quem quer que pudesse ainda viver lá.

Eu sabia que meus pais ficariam preocupados com minha ida à Índia. Eu já era muito mais velho que a criança que eles planejaram adotar, mas isso não significava que os mesmos sentimentos que eles tiveram ao cancelar a última viagem ainda não estivessem lá, prontos para se projetarem sobre o adulto. E se fosse o lugar errado, que consequências isso teria sobre mim?

Eu ficaria lá e procuraria pelo lugar certo ou me desesperaria completamente?

Passei algum tempo pesquisando sobre Khandwa e conheci a cidade, agora na condição de adulto e a meio mundo de distância. É uma pequena cidade regional de menos de duzentos e cinquenta mil habitantes, em Madhya Pradesh, estado de maioria hindu — trata-se de uma região tranquila famosa pela produção de algodão e trigo e por suas plantações de soja, bem como por sua grande usina hidrelétrica. Minha família era pobre demais para estar envolvida em qualquer uma dessas atividades, portanto tudo isso era novidade para mim. Como a maioria das cidades indianas, Khandwa tem uma longa história e um rol de santos hindus vinculados a ela. Além disso, ostenta uma lista de estrelas de Bollywood que cresceram lá. Embora não esteja na rota do turismo, é localizada em um importante entroncamento ferroviário, onde a principal linha leste-oeste entre Mumbai e Kolkata cruza com outro tronco, que liga Deli a Goa e Cochin. Isso explica por que a estação de Khandwa é muito maior que a de Burhanpur, ainda que as cidades tenham mais ou menos o mesmo tamanho.

Assisti aos poucos vídeos da cidade no YouTube, mas era difícil deduzir muita coisa dessas imagens. Algumas cenas mostravam a passagem próxima à estação, conhecida como Teen Pulia, pelo que pude averiguar, e a passarela de pedestres que cruza os trilhos, que aparentemente foi expandida para todas as três plataformas. Ainda parecia o lugar de onde eu tinha vindo.

Algumas semanas se passaram assim, até que eu tomasse coragem e levar aos meus pais a questão de ir à Índia. Mesmo então, não abordei o assunto diretamente: perguntei a eles o que fariam na minha situação. Disseram que era óbvio que eu tinha de ir. Quem não iria querer visitar o lugar para se certificar? Lisa achava a mesma coisa. E, claro, todos queriam ir comigo.

Fiquei aliviado, e emocionado, mas tinha de ir sozinho.

Eu estava convencido de que tinha de ser assim por uma série de razões. Em parte, a possibilidade de eu estar enganado ainda me afligia — e se acabássemos perdidos em alguma rua obscura, com mamãe, papai e Lisa de olhos fixos em mim, e eu me visse forçado a admitir que não sabia onde estávamos? Também não queria causar uma cena — um grupo de pessoas como nós surgindo em Ganesh Talai provavelmente chamaria muita atenção, e quem sabe que tipo de tensões isso poderia provocar?

Essa era uma questão bastante séria para mim, na verdade. Eu tinha me dado conta de que poderia descobrir o número de telefone da polícia local ou do hospital de Ganesh Talai e ligar antes de ir, para perguntar sobre minha família ou sobre meu histórico médico. Ao menos poderia fornecer o nome dos meus familiares e fazer algumas perguntas. O bairro não é grande e todo mundo se conhecia. Mas eu temia que isso gerasse rumores que fizessem aparecer oportunistas com alegações mentirosas. Alguém poderia muito bem gostar da ideia de um filho pródigo vindo do Ocidente, rico em comparação com os habitantes locais, e não seria de admirar se algumas "mães" em potencial aparecessem na estação, prontas para receber seu filho há muito desaparecido. Quando chegasse lá, talvez tivesse dificultado encontrar as pessoas que eu procurava. Sem aviso prévio e sem acompanhantes, eu devia conseguir me infiltrar no lugar relativamente despercebido e tirar minhas próprias conclusões.

Além disso, eu não sabia o que esperar — era possível que me deparasse até com situações perigosas, num país tão imprevisível — e não queria ter de me preocupar com quem estivesse comigo nem desejava ser distraído. Sozinho, eu só teria de lidar comigo e com o que eu fizesse.

Talvez, no fim das contas, meu raciocínio fosse até mais simples que isso: essa era a minha jornada e, até ali, eu a tinha percorrido por conta própria, desde os trens até as madrugadas na internet — eu simplesmente sentia que o mais correto era completá-la sozinho.

Felizmente, Lisa disse que compreendia. Meus pais, porém, foram mais insistentes. Papai prometeu que eles não se envolveriam e me deixariam fazer o que fosse preciso por conta própria. Ou, talvez, que ele poderia ir sozinho, para dar apoio e auxílio no que fosse necessário. Poderia ficar no hotel, mas assim pelo menos alguém estaria disponível. "Não vou atrapalhar você", disse papai. Embora a oferta fosse gentil e bem-intencionada, eu já estava decidido.

Mesmo assim, só embarquei no avião onze meses depois de identificar Ganesh Talai. Com exceção do meu voo para a Austrália quando era criança, era minha primeira grande viagem, e, além dos trâmites normais de um deslocamento desses, havia mais questões legais para resolver que o normal — até mesmo a questão da cidadania. Quando tinha chegado da Índia, meu passaporte atestava que eu era cidadão indiano. Mas isso não era totalmente preciso, pois também registrava que eu havia nascido em Calcutá, o que, obviamente, não era verdade, mas as autoridades indianas tiveram de pôr algo no formulário. Agora, eu era cidadão australiano e minha cidadania indiana havia expirado, mas eu não tinha renunciado a ela oficialmente. Pequenos detalhes burocráticos como esse acabaram atrasando o processo.

No entanto, por trás de tudo isso, a verdade é que eu estava procrastinando. Tentava não deixar isso transparecer — nem sequer o admitia a mim mesmo —, mas estava extremamente ansioso com a viagem. Não só me questionava se aquele era mesmo o lugar certo e se haveria alguém lá com quem pudesse me encontrar como também tinha de enfrentar algumas lembranças ruins que vinham à tona diante da perspectiva de retornar à Índia. Eu não sabia como lidaria com aquilo.

Mesmo assim, reservei a passagem, recusei as ofertas da companhia de mamãe e papai e tentei me preparar. Recebi apoio de lugares inesperados. Quando fui à clínica para tomar as vacinas necessárias, meu médico perguntou o motivo da viagem. Embora, em geral, eu só contasse minha história aos amigos mais próximos, agora que sentia que havia encontrado minha cidade, tinha baixado um pouco a guarda, e por alguma razão contei um pouco a ele, e depois muito, sobre o que me levava à Índia. Ele ficou aturdido e me agradeceu pelos detalhes incríveis que compartilhei. À medida que retornava para tomar mais vacinas, outras pessoas na clínica ouviam minha história, e acabei recebendo muitos desejos de boa sorte. Foi bom sentir que aquele outro grupo de pessoas estava do meu lado nas semanas que precediam minha partida. Isso me ajudou a manter o bom humor.

Quando o dia finalmente chegou, mamãe, Lisa e eu tomamos uma última xícara de café no aeroporto e mais uma vez imaginamos o que poderia me aguardar. Elas me aconselharam a aceitar as coisas como se apresentassem, sem me preocupar demais com o que eu queria que acontecesse. No fim das contas, parece que eu não havia conseguido esconder minha ansiedade muito bem. Depois, mamãe me deu um papel A4 com fotos impressas de quando eu era criança, que ela tinha escaneado em casa. Já fazia vinte e cinco anos que eu não era visto na Índia, portanto até minha própria família poderia precisar de ajuda para me reconhecer. Foi um excelente presente de despedida — eu mal pude acreditar que, com todos os conturbados preparativos que havia feito, não tinha pensado nisso. Mas isso provavelmente diz muito sobre o estado de espírito em que me encontrava.

Mesmo naquele momento, demorei-me nas despedidas e fui o último a embarcar. Mamãe me olhava com uma expressão nervosa, e isso fez com que minhas próprias preocupações aflorassem novamente. Será que eu estava fazendo a coisa certa? Será que eu precisava mesmo investigar o passado, quando já tinha ao meu lado pessoas que me amavam tanto?

Mas é claro que a resposta era sim, por mais nervoso que isso me deixasse. Eu tinha de descobrir de onde vinha, se pudesse, ainda que apenas para botar uma pedra no passado. Queria pelo menos ver o lugar com que sempre havia sonhado.

Entrei no avião.

10

O ENCONTRO COM MINHA MÃE

Quando aterrissei, no dia 11 de fevereiro, em Indore, a maior cidade do estado de Madhya Pradesh, meus pés tocaram o solo da Índia pela primeira vez desde que fui embora, ainda criança. Nas horas que antecediam a aurora, senti a adrenalina no corpo ao me dar conta da magnitude do que estava fazendo.

A Índia não me recebeu exatamente com boas-vindas. Minhas primeiras experiências me caracterizaram definitivamente como forasteiro — eu podia estar voltando para "casa", mas esse era um país estrangeiro para mim. Minha mala não estava na esteira da sala de desembarque. Quando tentei perguntar a um funcionário do aeroporto onde ela poderia estar, ele respondeu numa língua que eu acredito que fosse hindi e não entendi uma só palavra. O funcionário logo foi atrás de alguém que falasse inglês. Não falar a língua local pode parecer algo pequeno, mas tinha um peso especial para alguém que estava fazendo uma viagem emocional de volta para casa depois de passar anos perdido. Era como estar perdido de novo, sem entender nada do que as pessoas diziam ou de fazê-las entender o que eu falava.

Fiz uma confusão até conseguir me livrar de várias ofertas de taxistas insistentes que cobravam preços exorbitantes para me levar até o hotel onde passaria a noite antes de prosseguir para Khandwa, e acabei encontrando o ônibus de cortesia. O sol nasceu com sua luz forte quando saíamos do aeroporto, e pude ver pela primeira vez a agitação conturbada da Índia do século XXI.

De início, muito do que via era semelhante ao que tinha conhecido um quarto de século antes. Porcos selvagens pretos em busca de comida nas ruas secundárias, os mesmos tipos de árvores nas esquinas e o mesmo aglomerado de pessoas por toda parte. A pobreza continuava patente, mas logo fiquei impressionado com o quanto tudo me parecia mais sujo do que lembrava. Via pessoas fazendo suas necessidades na sarjeta e lixo jogado em todo canto — não me lembrava de nada disso no meu bairro, mas talvez tivesse me acostumado com os espaços limpos e abertos de Hobart.

Quando desci, no hotel, o ruído incessante de trânsito pesado e o forte cheiro de enxofre vindo dos bueiros e dos canos de esgoto atingiram meus sentidos. Eu me dei conta de que, depois de tanto tempo, Khandwa também devia estar diferente. Após algumas convenientes horas de sono, arranjei um carro e um motorista para me levar até lá no dia seguinte.

Khandwa ficava a duas horas de carro, e paguei metade do que teria pagado àqueles taxistas verborrágicos para só me levarem até o hotel, que ficava a poucos quilômetros do aeroporto. Isso me lembrou de que tudo que eu tivesse aprendido sobre me virar nas ruas já tinha sido esquecido havia muito tempo. Mas talvez a segurança fosse um benefício cobrado à parte: meu motorista, baixinho e magricela, dirigia alucinadamente pelas estradas, mesmo para os tão famosos padrões de irresponsabilidade indianos, o que acrescentou mais uma dose de adrenalina ao meu sobrecarregado organismo. A estrada que sai de Indore passa por colinas e vales, mas não vi quase nada da paisagem. Parávamos de vez em quando para um *chai* e um cigarro — eu raramente fumo, mas meus nervos estavam à flor da pele —, e fui ficando mais e mais ansioso quanto ao que me esperava em Khandwa. Nem a viagem que desafiava a morte era rápida o suficiente.

Sob um sol escaldante em um céu sem nuvens, nós nos aproximamos dos limites da cidade. Descobri que não reconhecia nada, o que me fez imediatamente sentir um frio na barriga. A região tinha uma aparência empoeirada e cinzenta de área industrial que eu não lembrava. De repente, decidi seguir direto para a estação de trem, antes de ir ao hotel — estava cansado de enrolar, e aquele seria o modo mais rápido e fácil de descobrir se as informações que eu havia obtido com meu laptop lá na Tasmânia estavam corretas. Mudamos de direção.

As ruas eram estreitas e o trânsito ficou mais lento até se arrastar — era domingo, e as pessoas circulavam por toda parte. Quando era pequeno, havia mais cavalos e carroças que tuk-tuks, mas agora as ruas estavam entupidas de carros e motocicletas.

Meu celular tinha GPS, e eu poderia tê-lo utilizado para consultar um mapa das ruas, mas a bateria estava fraca e eu queria exercitar minha memória. Portanto, orientei o motorista da melhor forma possível de acordo com o que me lembrava e, de fato, a estação estava onde eu esperava que a encontraria. Talvez ele estivesse sendo indulgente comigo, mas, de todo modo, me senti mais confiante.

A estação estava um pouco diferente de como eu me lembrava, mas, ao encontrá-la, imediatamente me situei — a partir dali, eu conhecia o caminho para qualquer ponto de Khandwa. Eu sabia onde estava, e não era longe de casa.

Eu me enchi de felicidade.

Naquele momento, fui dominado pelo cansaço. Eu me senti como uma marionete cujas cordas foram cortadas. A energia do meu nervosismo me sustentava desde que eu havia chegado à Índia — e por muito tempo antes disso —, e, agora que eu sentia estar no lugar certo, não conseguia mais avançar. Pedi ao motorista que me levasse ao hotel — no dia seguinte, percorreria as ruas a pé.

Conforme o táxi se arrastava por aquelas ruas, eu testava minha memória. Lembro que o lugar era verde, com árvores por toda parte, menos industrializado e poluído, e com certeza sem lixo nas ruas. Os edifícios eram muito mais decadentes do que eu havia imaginado. Mas, quando entramos numa passagem sob a ferrovia, com o teto pouco mais alto que o carro, fui inundado por recordações exatas daquela rua claustrofóbica. Com certeza, aquela era a rua onde eu havia brincado quando criança.

No Hotel Grand Barrack — como o nome sugere em inglês, o local já foi um quartel do Exército britânico —, ofendi o motorista sem querer, por não lhe oferecer uma *baksheesh*. Por viver na Austrália, eu simplesmente não tinha o hábito de pagar mais que o combinado a alguém, e só percebi o erro depois de entrar no hotel. Fiz o check-in sentindo como se carregasse nas costas todo um choque cultural.

Esgotado depois de tantas descobertas e de uma viagem tão longa, pousei a mala no chão do quarto, liguei o ar-condicionado e o ventilador de teto e desabei na cama.

Mas, mesmo cansado como estava, não conseguia dormir. Talvez eu estivesse agitado demais, porém pensei: "O que diabos estou fazendo? Passei uma eternidade sentado em poltronas de avião, depois chacoalhei dentro de um carro por duas horas... Vamos continuar!" Eram duas da tarde de domingo e eu tinha percorrido um longo caminho para encontrar minha casa. Peguei a mochila e a garrafa de água e senti uma onda de empolgação.

Quando pus os pés do lado de fora do hotel, não sabia para que lado ir primeiro — havia ruas e vielas em todas as direções

—, então refiz o percurso que o carro tinha feito. Pouco depois, eu caminhava pela rua paralela à linha do trem, rumando de volta ao centro da cidade.

Apesar de achar as ruas um tanto familiares, não podia dizer que sabia exatamente onde estava. Era tanta coisa diferente que eu não tinha certeza de nada. As dúvidas começaram a pulular de novo na minha cabeça — afinal de contas, quão diferentes podiam ser as estações ferroviárias e as passagens sob os trilhos dos vilarejos e das cidades da Índia? E quantos vilarejos e cidades existiam? Eu teria me equivocado? Mas meus pés pareciam saber o caminho, como se estivessem no piloto automático, e o jetlag, o cansaço e a natureza surreal de toda aquela experiência me davam a impressão de estar assistindo ao meu avanço de algum ponto fora de mim. Não conseguia acatar o conselho de mamãe, de manter a calma e não alimentar muitas esperanças. O instinto, a memória, a dúvida e a empolgação fluíam dentro de mim ao mesmo tempo.

Depois de um tempo, topei com uma pequena mesquita verde. Era a mesquita de Baba. Eu tinha me esquecido completamente dela! Estava quase igual ao que eu lembrava — mais decaída e menor, é claro, mas a semelhança ainda assim era reconfortante. Comecei a sentir novamente que estava no caminho certo. Mas continuava questionando impiedosamente tudo o que via. A aparência era essa mesmo? Será que isso estava certo? Será que eu estava certo?

Por fim, achei que deveria virar à esquerda para ir em direção ao centro de Ganesh Talai. Comecei a tremer e diminuí o passo. Alguma coisa parecia errada. Havia muitas casas — o lugar estava urbanizado demais. Tentei me acalmar, afinal, as coisas mudam, a população cresce. É claro que o lugar estava mais cheio. Mas, se os edifícios antigos tivessem sido demolidos para que se construíssem outros, talvez minha casa não estivesse mais lá! Esse pensamento me deixou com calafrios, e então apressei o passo até chegar a uma pequena área de terra batida que se parecia com um lugar onde eu costumava brincar.

Eu o reconheci e ao mesmo tempo o estranhei. Era o mesmo lugar, porém diferente. Então percebi qual era a diferença: a cidade agora tinha eletricidade. Havia postes e fios por toda parte. Quando eu era pequeno, iluminávamos nossa casa com velas e cozinhávamos num fogão a lenha ou a querosene. Agora que as ruas estavam guarnecidas de cabos de eletricidade, o lugar todo parecia mais apertado, mais atribulado — transformado.

Eu já havia chegado a um ponto em que, suponho, estava menos preocupado em identificar o lugar que em observar o que tinha mudado. Deliberadamente, eu me impedia de pensar na minha mãe e na minha família, e agora me aproximava de onde eles ainda poderiam estar. Apesar dos meus esforços, todo tipo de emoção aflorava à superfície.

Mesmo assim, deixei o sentimento de lado. Decidi que era melhor começar tentando encontrar a primeira casa onde minha família havia morado, quando ainda vivíamos no bairro hindu.

Quando desci uma rua e entrei numa viela sinuosa, vi uma mulher que lavava roupas lá no fim. Enquanto observava a cena, fui inundado de recordações de mim mesmo correndo pelo lugar. Devo tê-la encarado, porque ela falou comigo — um homem estranho vestindo roupas esportivas ocidentais, provavelmente com aparência de rico e, com certeza, parecendo fora do ambiente natural. Creio que ela disse algo como "Posso ajudá-lo?" em hindi, mas tudo que eu sabia responder era "Não". Então me virei e continuei caminhando.

Depois disso, não podia mais adiar o inevitável. Enfim era hora de enfrentar o último desafio da minha jornada. Levei apenas alguns minutos para atravessar as poucas ruas que no passado separavam as áreas hindu e muçulmana do bairro. Estava com o coração na mão ao me aproximar do lugar onde lembrava ficar o apartamento de cuja parede costumávamos arrancar um tijolo. E, antes que eu pudesse pensar no que esperava ver, dei por mim parado diante dele.

Parecia tão pequenino, mas sem dúvida era ali.

Também sem dúvida estava abandonado. Fiquei parado, observando.

As paredes rústicas de tijolos eram familiares, embora o chão estivesse revestido de concreto barato e pintado de branco. O vão da porta que dava para o quarto se encontrava exatamente no mesmo lugar, mas a porta propriamente dita estava quebrada. Era do tamanho de uma janela na Austrália. Não conseguia ver muita coisa pelas rachaduras da porta, por isso dei a volta e espiei pela única janela, um quadrado que mal chegava a trinta centímetros de lado. Não podia acreditar que minha mãe, minha irmã, meus irmãos e eu — embora nem sempre todos ao mesmo tempo — havíamos ocupado aquele espaço minúsculo e escuro. Tinha uns três metros quadrados. A pequena lareira ainda estava lá, embora não fosse usada havia algum tempo, como se podia perceber, mas o tanque de barro tinha desaparecido. A prateleira solitária pendia das mãos francesas. Alguns dos tijolos da parede externa sumiram, permitindo a entrada de raios de luz. O chão de barro e estrume secos, que minha mãe mantinha sempre varrido, agora estava empoeirado por causa da falta de uso.

Enquanto eu olhava para dentro, uma cabra ruminava um punhado de feno que tinha sido deixado sobre uma pedra ao lado da porta, indiferente ao meu desastre pessoal. Embora tivesse dito a mim mesmo vezes sem conta que não esperasse simplesmente pegar um avião para a Índia e encontrar minha família segura e confortável no mesmo lugar depois de todo esse tempo, foi difícil processar o fato de que havia encontrado o apartamento sem ninguém dentro. Apesar de todo o meu esforço, secretamente estivera convencido de que, se encontrasse o caminho de volta para casa, eles estariam ali esperando por mim. Assisti à cabra comendo, dominado por um estado de torpor, completamente vazio por dentro e desapontado.

Não tinha ideia de o que fazer em seguida. Minha busca tinha acabado.

Enquanto estava parado ali de pé, pela primeira vez sem nenhum plano em mente, uma jovem indiana saiu da porta ao lado com um bebê no colo. Ela falou comigo em hindi, e compreendi que me perguntava se podia ajudar. Respondi: "Não falo hindi, falo inglês." Um choque me tirou do abismo onde me encontrava quando ela disse: "Eu falo inglês, um pouco." De pronto, comecei dizendo "Essa casa..." e pronunciei o nome dos meus familiares: "Kamla, Guddu, Kallu, Shekila, Saroo." A moça não respondeu, então repeti os nomes e saquei a folha com as fotos impressas que minha mãe tinha me dado antes do embarque. Foi então que ela disse o que eu não queria ouvir: que ninguém morava mais ali.

Logo depois, dois homens vieram ver o que estava acontecendo, e o segundo — devia ter uns 30 e poucos anos e tinha um bom inglês —, ao olhar para as fotos, pediu a mim que esperasse um pouco e caminhou viela abaixo. Eu não tive muito tempo para pensar no que estava acontecendo, pois outras pessoas começaram a se aglomerar ao nosso redor, curiosas para saber o que se passava e por que havia um estrangeiro ali, naquelas ruas que turistas nunca visitariam.

Dois ou três minutos depois, o homem retornou e me disse aquelas palavras que eu jamais vou esquecer: "Venha comigo. Vou levá-lo até sua mãe."

Ele falou sem rodeios, como um oficial fazendo uma declaração, de forma tão abrupta que simplesmente aceitei. Eu ainda não havia absorvido o que tinha dito, até que lhe obedeci e o segui por um beco adjacente. Então fiquei arrepiado e minha cabeça começou a girar — poucos minutos antes, eu havia desistido de vinte e cinco anos de esperança. Seria mesmo possível que esse desconhecido que estava ali de passagem soubesse onde minha mãe estava? Parecia improvável e rápido demais. Após todo esse tempo, as coisas estavam acontecendo em um ritmo desconcertante.

Pouco mais de quinze metros adiante, o homem parou em frente a três mulheres que estavam de pé diante da entrada de uma casa, todas olhando para mim. "Esta é a sua mãe", anunciou. Eu estava aturdido demais para perguntar a qual das três ele se referia — parte de mim se perguntava se isso não seria uma brincadeira.

Incapaz de fazer qualquer outra coisa, olhei-as uma por uma. A primeira com certeza não era ela. Havia algo de familiar na do meio, e a terceira me era completamente estranha. Tinha de ser a do meio.

Era esbelta e muito pequena, tinha cabelos grisalhos presos em um coque e usava um vestido floral amarelo-vivo. Apesar da idade, reconheci o desenho delicado dos ossos da face assim que a vi, e nesse momento ela pareceu também ter me reconhecido.

Olhamos um para o outro por tempo demais, e senti uma dor profunda por uma mãe e um filho levarem tanto tempo para se reconhecer, e depois uma onda de alegria por acabarmos nos reconhecendo. Ela deu um passo à frente, tomou minhas mãos nas suas e olhou nos meus olhos, maravilhada. Eu conseguia pensar com clareza suficiente para compreender que, por mais que me sentisse em um turbilhão de emoções, ao menos havia tido a chance de me preparar. Para minha mãe, ao contrário, o filho simplesmente tinha reaparecido depois de tê-lo perdido há vinte e cinco anos.

Antes de dizermos qualquer coisa um ao outro, minha mãe me puxou pela mão até sua casa. Uma longa fila de pessoas nos seguia, curiosas para saber o que estava acontecendo. A casa dela ficava a apenas cem metros dali, virando a esquina. Enquanto caminhávamos, percebi que ela estava bastante emocionada. Dizia coisas a si mesma em hindi, depois olhava para mim de novo e de novo, com lágrimas de alegria nos olhos. Eu estava emocionado demais para dizer qualquer coisa.

A casa dela, outra habitação geminada de tijolos deteriorados, ficava no fim de um beco sujo. Chegando lá, ela me puxou para dentro e me fez sentar em sua cama no cômodo principal. Continuou de pé e tirou um celular do meio das camadas de sua roupa. Quando disse "Kallu, Shekila...", compreendi que estava ligando para os meus irmãos. Eles ainda moravam ali? Falava ao telefone empolgada, gritando e rindo, e berrando "Sheru! Sheru!". Levei um tempinho para perceber que minha mãe estava dizendo meu nome. Seria possível que eu estivesse pronunciando meu nome errado esse tempo todo?

O pequeno grupo de pessoas que havia se formado lá fora crescia rapidamente e logo se transformou em uma pequena multidão. Conversavam animadamente entre si e por celular — o milagre do filho que tinha voltado dos mortos era, claramente, uma grande notícia, que já estava sendo espalhada. A casa logo ficou cheia de pessoas barulhentas que celebravam meu retorno, enquanto mais gente se aglomerava no beco do lado de fora, da porta até a rua adjacente.

Felizmente, algumas dessas pessoas falavam um pouco de inglês, e assim minha mãe e eu pudemos enfim nos comunicar por meio de intérpretes. A primeira coisa que ela me perguntou foi: "Por onde você andou?" Só algum tempo depois pude lhe dar uma resposta mais completa, porém, naquele momento, improvisei um rápido resumo de como tinha acabado me perdendo em Kolkata e sendo adotado por australianos. Obviamente, ela ficou atônita.

Segundo minha mãe, o homem com quem eu havia conversado na rua a abordou na casa que ela estava visitando e lhe disse simplesmente: "Sheru voltou." Depois, mostrando a ela o papel com as fotos impressas que mamãe tinha me entregado — e que nem me lembro de tê-lo visto pegando —, disse a ela: "Esse garoto, que agora é um homem adulto, está aqui perto perguntando por Kamla, ou seja, por você." Parecia estranho ele ter se referido a ela assim, mas fiquei sabendo que minha mãe havia se convertido ao islamismo muitos anos antes e adotado o nome de Fatima. Acho que, para mim, ela sempre será Kamla.

Minha mãe descrevia suas reações muito melhor do que jamais conseguirei descrever as minhas: ela falou que estava "trovejando de surpresa" por seu menino ter retornado e que a alegria em seu coração era "profunda como o mar".

Ela me disse que, quando viu as fotos, começou a tremer e correu da casa para o beco, onde se juntaram a ela as outras duas mulheres que a visitava. E foi nesse momento que surgi na entrada do beco. Minha mãe também me falou que, enquanto eu caminhava em sua direção, seu corpo ainda tremia e ela sentia frio, com "trovoadas na cabeça" e os olhos cheios de lágrimas de alegria.

Havia trovões na minha cabeça também. E, após toda a demora da viagem e da caminhada tranquila mas repleta de altos e baixos por Ganesh Talai até o nosso antigo apartamento, agora tudo acontecia em um ritmo insano, caótico. Pessoas berravam e gargalhavam por toda parte, forçando a entrada para dar uma olhada em mim, uma balbúrdia de vozes em hindi que eu não conseguia entender, e minha mãe sorria e chorava. Era informação demais para processar.

Mais tarde, descobri que havia estado a apenas quinze metros dela, literalmente dobrando a esquina, quando dei por mim em frente à nossa antiga casa, mas, se aquele homem não tivesse aparecido para me ajudar, talvez eu tivesse ido embora. Eu provavelmente a encontraria no final das contas, depois de perguntar a mais gente na região, mas, mesmo assim, fico assombrado com a possibilidade de que talvez não a tivesse encontrado, de que podíamos ter estado tão perto um do outro sem jamais ficar sabendo.

Na verdade, só conseguíamos conversar aos trancos e barrancos, pois o que falávamos tinha de ser traduzido; além disso, as pessoas ficavam fazendo perguntas, e a história era contada de novo para que os recém-chegados pudessem entender. Minha mãe se virava para os amigos sorrindo de orelha a orelha, e depois simplesmente me olhava ou me abraçava com lágrimas escorrendo pelo rosto. Depois, fazia mais ligações para espalhar a notícia.

Havia muitas perguntas a serem respondidas, é claro, e a maiorias delas por mim. Minha mãe não tinha a menor ideia do que havia acontecido comigo desde a noite do meu desaparecimento. Com tanta informação com que atualizá-la, o trabalho era lento, mas, por sorte, depois de um tempo, tivemos a ajuda de uma intérprete improvável, uma mulher chamada Cheryl, que morava a algumas portas dali. O pai dela era britânico, e a mãe, indiana, e por algum motivo ela tinha acabado morando em Ganesh Talai. Fiquei muitíssimo grato pela ajuda de Cheryl. Graças a ela, aos poucos consegui fazer com que minha mãe me entendesse. Mais tarde, teria a oportunidade de lhe contar tudo, mas naquele primeiro encontro eu só conseguia lidar com o caos com informações básicas: fiquei preso em um trem, terminei em Calcutá, e fui adotado e criado na Austrália. O fato de eu voltar depois de tantos anos era espantoso para minha mãe; e que eu tivesse vindo de um país distante como a Austrália era incompreensível.

Mesmo nesse primeiro encontro, entretanto, ela me disse que era muito grata aos meus pais que me criaram na Austrália e que eles tinham o direito de me chamar de filho porque cuidaram de mim desde a infância e me transformaram no homem que sou hoje. Sua única preocupação comigo, segundo me disse, era que eu tivesse a melhor vida possível. Foi bastante comovente ouvi-la dizer isso. Ela não tinha como sabê-lo, mas suas palavras me transportaram de volta ao orfanato Nava Jeevan, ao momento em que tive de decidir se aceitava ou não a oferta de adoção dos Brierleys. Graças ao que minha mãe disse, pude sentir, sem reservas, que havia tomado a decisão certa. Também disse que estava orgulhosa de mim, e isso é tudo que um filho gostaria de ouvir da mãe.

O prédio decadente onde ela morava estava, em certos aspectos, em pior estado que nossa casa abandonada. Os tijolos da parede frontal estavam se desfazendo, deixando buracos evidentes. No cômodo da frente de dois por três metros mais ou menos, onde ela dormia na cama de solteiro na qual tinha me feito sentar, havia duas chapas de ferro corrugado que desciam do teto até uma conexão hidráulica, obviamente para canalizar a água da chuva em direção a uma tigela no cômodo adjacente, um pequeno banheiro com uma privada turca e uma tina para tomar banho. Era desagradável perceber que a maneira como o lugar tinha sido construído implicava que a água da chuva deveria simplesmente irromper no interior da casa. Havia um cômodo um pouquinho maior nos fundos que servia de cozinha. Mas, embora o espaço fosse pequeno demais para abrigar todos os curiosos que tentavam entrar, a casa era maior que aquela onde tínhamos morado, e pelo menos o piso era de marmorite em vez de esterco e lama compactados. O estado era lastimável, mas no contexto de Ganesh Talai representava um avanço, que provavelmente havia demandado muito trabalho duro. Contaram-me que ela já era velha demais para carregar pedras sobre a cabeça em canteiros de obras, e que agora trabalhava como faxineira. Apesar da vida dura que levava, minha mãe disse que era feliz.

Pessoas continuaram chegando nas horas seguintes, aglomerando-se perto da janela gradeada e da porta, onde conversavam empolgadas e se inteiravam da fofoca. Minha mãe fez sala para muitos grupos de visitantes, sentando-se ao meu lado e segurando meu rosto entre as mãos ou me abraçando enquanto falava. De vez em quando, ficava de pé para fazer uma ligação.

Finalmente, dois convidados especiais foram trazidos para dentro, um logo depois do outro: meu irmão, Kallu, e minha irmã, Shekila. Quando Shekila chegou, com o marido e dois filhos, nossa mãe estava me segurando e chorando. Minha irmã irrompeu em lágrimas quando me levantei para abraçá-la. Depois, Kallu chegou de moto e ficou perplexo ao pousar os olhos em mim — eu sabia como ele se sentia. Nós nos reconhecemos imediatamente, mas era a primeira vez que nos víamos como adultos. Nenhum dos meus irmãos havia tido motivo algum para aprender inglês, portanto o que ocorreu foi mais um encontro repleto de lágrimas, sorrisos e admiração muda, antes de um diálogo simples com a ajuda de Cheryl. Era uma sensação boa e ao mesmo tempo desagradável estar tão perto dos meus familiares e, ainda assim, distante de uma forma tão básica.

Mas onde estava Guddu? De todas as histórias que eu queria ouvir, a dele estava no topo da lista. O que havia acontecido naquela noite em Burhanpur? Será que ele pensava nisso com frequência? Acima de tudo, queria que ele soubesse que não o culpava por nada — eu tinha certeza de que tinha sido um acidente, e agora enfim eu estava de volta.

Foi quando me deram a pior notícia daquele dia — na verdade, a pior notícia da minha vida. Quando perguntei por ele à minha mãe, ela respondeu tristonha: "Ele se foi."

Guddu também não tinha voltado para casa naquela noite em que me perdi. Minha mãe descobriu, algumas semanas depois, que ele havia morrido num acidente de trem. Ela tinha perdido dois filhos na mesma noite. Eu não conseguia imaginar como ela havia suportado isso.

Se havia mais alguma coisa que eu poderia desejar daquela visita era ver Guddu de novo, ainda que apenas uma vez. Eu o tinha obrigado a me levar com ele a Burhanpur justamente porque sentia saudade dele. Ouvir a notícia da morte de Guddu foi devastador.

Mais tarde, eu soube mais informações sobre aquela noite e o que minha mãe achava que tinha acontecido conosco. De início, ela ficou um pouco chateada por eu ter ido com Guddu, porque precisava de mim para cuidar de Shekila. Mas a Índia onde eu havia nascido não era como a Austrália, onde o sumiço de uma criança por uma hora seria motivo de apreensão — até minha mãe costumava se ausentar por dias, e mesmo crianças pequenas podiam sair de casa e voltar sem a supervisão de adultos. Portanto, no começo, ela não se preocupou muito. Porém, depois de uma semana, começou a ficar aflita. Não era incomum que Guddu se ausentasse por semanas, mas ele estava sendo irresponsável me mantendo longe de casa por tanto tempo. Kallu não tinha nos visto durante suas viagens e não sabia se estávamos em Burhanpur ou nas imediações, e minha mãe começou a temer o pior. Ela pediu a Kallu que perguntasse por nós em Khandwa e Burhanpur, mas ninguém sabia de nada.

Algumas semanas, talvez um mês, depois do nosso desaparecimento, um policial veio a nossa casa. Mais preocupada comigo por eu ser o mais novo e com menos capacidade de me virar, minha mãe achou que o homem trazia notícias do meu paradeiro, mas não era o caso — tinha vindo por causa de Guddu. Ele disse que meu irmão havia morrido em um acidente de trem e mostrou a ela uma foto do corpo. Guddu foi encontrado perto dos trilhos a cerca de um quilômetro de Burhanpur, e o policial estava lá para lhe pedir, formalmente, que o identificasse. Perguntei à minha mãe se ela havia tido certeza de que era o corpo dele, e ela assentiu lentamente. O assunto ainda era muito doloroso para minha mãe, portanto obtive mais detalhes de Kallu. Guddu, com apenas 14 anos, de algum modo havia caído de um trem em movimento e em seguida tinha sido atropelado ou se chocado com algum objeto fixo ao lado dos trilhos. Metade de um dos braços de Guddu tinha sido arrancada e ele havia perdido um olho — uma imagem simplesmente horrível de ser vista por uma mãe.

Quis visitar o túmulo de Guddu, mas meus familiares disseram que não era possível, pois construíram casas sobre o cemitério onde ele estava enterrado. A construtora sequer havia removido os restos dos mortos antes de iniciar as obras. Os proprietários ou construtores não quiseram saber ou não se importaram. Não foi fácil ouvir isso. Senti como se meu irmão tivesse sido tirado de mim, assim como eu havia sido tirado dele — desaparecido sem deixar rastro —, e, num cantinho da minha mente, compreendi um pouco melhor o que minha família deve ter sentido quando sumi. Sequer possuíamos fotos de Guddu, pois não tínhamos dinheiro para tirar fotos de família. Ele havia sido parte de nós e nós tínhamos sido parte dele, e agora tudo que havia restado de Guddu eram nossas recordações.

Não estava certo se minha família compreendia o motivo de eu ter ficado tão chateado por não haver uma sepultura que pudesse visitar. Para eles, isso já estava enterrado no passado, mas para mim a morte dele só havia acontecido naquele dia. Realmente senti falta de não poder chorar sua morte adequadamente quando voltei para a Austrália. A última coisa que meu irmão tinha me dito naquela plataforma em Burhanpur foi que voltaria. Talvez nunca tenha voltado; talvez tenha retornado e descoberto que eu havia desaparecido. Como quer que fosse, eu tinha esperança de reencontrá-lo um dia. Agora, nunca saberei o que aconteceu naquela noite — alguns dos nossos mistérios jamais serão solucionados.

Minha família temia que eu tivesse sofrido o mesmo destino ou até algo pior. Eles não sabiam nem se eu estava vivo ou morto. Tive pena de Kallu, particularmente: ele perdeu dois irmãos de uma vez e, de repente, tornou-se o homem mais velho da família, o que implicava responsabilidades na nossa comunidade. Ele teria passado a ser considerado tão responsável pelo bem-estar da família quanto minha mãe, um enorme fardo sobre seus jovens ombros.

Também tive mais informações sobre meu pai. Ele ainda estava vivo, porém não morava mais em Khandwa — tinha se mudado com sua segunda família para Bhopal, a capital de Madhya Pradesh, situada cerca de duzentos quilômetros ao norte e famosa por causa do desastre químico da usina de Union Carbide no início dos anos oitenta. A família ainda o odiava por ter nos abandonado, por isso minha curiosidade teria de esperar.

No meio do caos e da celebração daquele primeiro dia, Cheryl comentou comigo que algumas pessoas estavam perguntando à minha mãe como ela sabia que eu era realmente seu filho. E se eu fosse um impostor? Também não seria possível que ambos estivéssemos equivocados, que tivéssemos sido arrastados pelos acontecimentos por tanto desejarmos que aquilo fosse verdade? Ela respondeu que uma mãe sempre reconhece o filho — que não teve dúvidas de que eu era quem afirmava ser desde o primeiro instante em que me viu. Mas havia um jeito de ter certeza absoluta. Ela segurou minha cabeça entre as mãos e a inclinou, procurando pela cicatriz que eu tinha acima do olho, de quando caí na rua fugindo de um cachorro. Lá estava a cicatriz, do lado direito, logo acima da sobrancelha. Minha mãe apontou para ela e sorriu — eu era seu filho.

A casa da minha mãe ficou cheia de gente que queria me dar as boas-vindas até tarde da noite. Uma hora eu tive de ir embora — estava completamente exaurido, a cabeça e o coração palpitando. Levei um bom tempo para me despedir de todos, mesmo sem muitas palavras em comum — eram muitos e longos os olhares e abraços. Suponho que, no fundo, todos se perguntavam se eu voltaria depois que saísse por aquela porta. Prometi que sim, que retornaria no dia seguinte. Minha mãe por fim deixou que eu fosse embora e me observou enquanto eu montava atrás de Kallu na motocicleta, que saiu em disparada. Não tínhamos como conversar, mas eu lhe agradeci quando saltei da moto no Grand Barrack e ele seguiu em sua viagem de uma hora até Burhanpur, onde, ironicamente, morava agora — a cidade que eu tinha passado tanto tempo tentando encontrar.

De volta ao meu quarto de hotel, pensei no quanto minha vida havia mudado desde que o tinha deixado, na tarde daquele mesmo dia. Havia encontrado minha família. Não era mais um órfão. E a busca que, por tanto tempo, havia significado tanto para mim estava terminada. Eu imaginava o que faria de agora em diante.

Pensei muito sobre Guddu. Era duro imaginar o que havia acontecido com ele. Meu irmão era tão seguro de sua habilidade de entrar e sair de trens que achei difícil acreditar que ele tenha simplesmente caído. Haveria outra explicação? Talvez tivesse voltado e visto que eu não estava mais lá, e por isso saiu à minha procura. Meus irmãos costumavam se desentender com alguns garotos de tempos em tempos — talvez Guddu tivesse metido na cabeça que algum deles havia feito algo de ruim comigo e começado uma briga. A pior das possibilidades era a de ele ter se sentido culpado por me deixar sozinho e, na ânsia de me encontrar, ter corrido riscos desnecessários ou se preocupado demais e, por isso, caído.

Talvez ele tivesse presumido que eu havia retornado para casa. Mas, como nunca voltou para verificar, era difícil não pensar que talvez Guddu tivesse voltado conforme o planejado e ainda estivesse vivo hoje se eu não tivesse embarcado naquele trem aquela noite. Racionalmente, eu sabia que não era responsável pelo destino dele, porém era um pensamento sombrio difícil de me desvencilhar. E, embora eu costumasse pensar que tudo tinha uma resposta, que bastava se debruçar sobre um problema até solucioná-lo, dessa vez compreendi que teria de aceitar que jamais saberia a verdade sobre o que havia acontecido ao meu irmão.

Antes de ir para a cama, enviei uma mensagem de texto a mamãe e papai em Hobart:

> As perguntas para as quais eu buscava resposta foram respondidas. Não há mais becos sem saída. Minha família é real e genuína, assim como nós somos na Austrália. Minha mãe agradeceu a vocês, mamãe e papai, por terem me criado. Meu irmão, minha irmã e minha mãe compreendem que você e o papai são minha família, e não querem se intrometer de maneira nenhuma. Estão felizes simplesmente por saberem que estou vivo, e isso é tudo o que querem. Espero que vocês saibam que estão em primeiro lugar no meu coração e que isso nunca vai mudar. Amo vocês.

Como já era de esperar, foi difícil pegar no sono.

11

A REINTEGRAÇÃO

Na manhã seguinte, Kallu veio me buscar cedo de motocicleta e me levou de volta à casa da minha mãe. Ela me saudou com quase tanto entusiasmo quanto no dia anterior; talvez não acreditasse que eu realmente voltaria.

Kallu já tinha deixado a esposa, o filho e a filha lá antes de ir me buscar, então fui apresentado a eles — parecia inacreditável, mas todos os quatro fizeram a viagem de Burhanpur até ali na mesma motocicleta. No dia anterior, eu havia ficado encantado ao saber que era tio, pois Shekila tinha dois filhos; e adorei conhecer minha sobrinha e meu terceiro sobrinho.

Houve um momento de silêncio enquanto tomávamos chá, sorrindo uns aos outros, mas logo recomeçou a algazarra: contávamos histórias uns aos outros com a ajuda de Cheryl e de outros intérpretes, e eu cumprimentava o infinito séquito de visitantes — e assim seria pelos próximos quatro dias. Shekila logo se juntou a nós com o marido e os filhos, depois de ter repetido a viagem de duas horas desde sua casa em Harda, que ficava cem quilômetros a nordeste dali.

Era inevitável que me perguntassem sobre minha esposa e meus filhos. Ficaram surpresos de saber que eu não era casado nem tinha filhos. Suponho que, com a minha idade, também teria uma família se tivesse crescido na Índia. Mas ficaram contentes em saber que eu ao menos tinha uma namorada, embora eu não tivesse certeza se minha mãe compreendia o conceito.

No segundo dia, a mídia local já tinha ouvido falar do menino perdido que de repente havia se materializado novamente como adulto nas ruas de Ganesh Talai. Pouco depois, a mídia nacional veio se juntar a ela e pulularam câmeras de TV. Faziam perguntas e mais perguntas — a maioria delas com a ajuda de intérpretes —, sem dó nem piedade, e, à medida que eu contava e recontava minha história, ela passava a parecer ter acontecido com outra pessoa.

O interesse dos meios de comunicação foi uma verdadeira surpresa. Jamais havia passado pela minha cabeça que meu retorno causaria tamanho rebuliço, e eu estava completamente despreparado para isso. Tudo aquilo tornou ainda mais difícil uma situação por si só já emocionalmente desafiadora. Mas também teve um aspecto maravilhoso. A Índia tem mais de um bilhão de habitantes, e há crianças perambulando pelas ruas sem ninguém para cuidar delas. Pode parecer um lugar caótico e até cruel. Ainda assim, em Ganesh Talai — na verdade, em todo o país — as pessoas podiam se empolgar absurdamente por que apenas uma dessas crianças tinha conseguido se reintegrar à família após um período de separação incrivelmente longo.

À medida que mais e mais pessoas chegavam para me ver, o encontro se transformou numa celebração pública, com música e pessoas dançando na rua. Minha volta parecia inspirar e energizar a vizinhança, como se fosse um indício de que as vicissitudes nem sempre prevaleciam na vida. Às vezes, milagres acontecem.

Parece que uma característica da nossa família é conter as emoções até acumularem tal pressão que não haja outra saída senão libertá-las. Quando tínhamos algum tempo só entre nós, chorávamos muito, de felicidade mas também de tristeza pelo tempo que havíamos perdido — eu agora tinha 30 anos, Kallu tinha 33 e Shekila, 27. Da última vez em que a vira, ela era uma bebezinha que eu tinha de vigiar, e agora ela própria tinha duas lindas crianças.

Lembrei-me de uma coisa e peguei um pouco de carvão na lareira e mostrei à minha irmã. Ela riu. Quando Shekila tinha apenas 1 ou 2 anos, às vezes eu a encontrava comendo carvão, talvez por causa da fome, e seu rosto ficava preto. Ela ficou viciada nisso. (O carvão causava um efeito terrível em seu sistema digestório, e precisávamos levá-la a uma mulher que tinha algum tipo de conhecimento especial sobre como curá-la. Por sorte, parece que aquilo não lhe causou nenhum dano permanente.) O fato de conseguirmos rir disso agora demonstrava o quão distantes estávamos daquele tempo.

Shekila e Kallu tiveram a sorte de frequentar a escola. Com a morte de Guddu e o meu desaparecimento, nossa mãe tinha conseguido pagar pela educação deles. Shekila se tornou professora e sabia falar e escrever hindi e urdu (mas não inglês). Ela me contou que, quando recebeu a ligação da nossa mãe no dia anterior, não acreditou — pensou que pudesse ser algum tipo de golpe ou alguém pregando uma peça. Mas a convicção da minha mãe e, sobretudo, a descrição do papel com as fotos impressas de quando eu era criança acabaram convencendo-a. Ela havia agradecido a Deus pelo milagre e logo pegou o trem para se juntar a nós. Ao pôr os olhos em mim de novo, tinha se sentido "perdida no tempo", levada de volta aos dias em que eu cuidava dela. Havia me reconhecido de imediato.

Kallu também havia se saído bem. Ele tinha se tornado gerente de uma fábrica e complementava a renda trabalhando como motorista de ônibus escolar. Portanto, em uma geração, as profissões da minha família passaram de carregador de pedras a professora e gerente. De certo modo, é um consolo que a perda familiar tenha dado aos filhos que restaram a possibilidade de sair da pobreza. Mas a vida não tinha sido fácil para Kallu — fiquei profundamente triste quando soube que estava certo a respeito da vida dele depois da morte de Guddu e do meu sumiço. O fardo de ser o único homem da casa havia pesado em seus ombros. Embora também tivesse ido para a escola após meu desaparecimento, tivera de abandonar os estudos para aprender a dirigir e, assim, conseguir um emprego melhor para sustentar Shekila e nossa mãe. A dor da perda jamais o havia deixado, e acabou levando-o a abandonar não apenas Ganesh Talai como também a própria cidade de Khandwa, então se mudou para Burhanpur. Segundo me disse, em certos momentos chegou até a questionar sua fé no hinduísmo, mas, ao fim, sentiu que os deuses "fariam justiça" um dia, trazendo-me de volta. Meu retorno o afetou profundamente — talvez significasse que as feridas que havia carregado por tanto tempo podiam começar a ser curadas ou a possibilidade de partilhar o fardo comigo.

Conversamos mais sobre as dificuldades pelas quais minha família havia passado depois do meu desaparecimento — Shekila chegou a admitir que temia mandar os filhos para a escola porque um dia poderiam não voltar — mas também demos risadas, é claro. Uma coisa que me deixou perplexo foi saber que tinha sido batizado como Sheru, que significava "leão" em hindi. Eu havia pronunciado meu nome errado desde o dia em que tinha me perdido — e agora seria para sempre Saroo.

Descobri que estar em Ganesh Talai me trazia de volta muitas memórias da minha vida por lá, e conversar com minha família trazia ainda mais. Muitas delas eu era muito novo na época para compreender. As coisas que aprendi naquele dia e nos outros dois que se seguiram me ajudaram a preencher algumas lacunas na imagem que tinha da minha vida na Índia — uma vida comum para os milhões de indianos que moram nas pequenas cidades do país. Também me ajudaram a compreender a vida que minha mãe biológica havia levado; sua resiliência diante das dificuldades que essa vida tinha lhe imposto me fez admirá-la ainda mais.

A família da minha mãe era da casta guerreira dos rajaputros e o pai dela era policial. Ela recebeu o nome de Kamla em homenagem à deusa hindu da criação. Lembro-me da minha mãe como uma mulher muito bela, e ainda a achava bonita, apesar dos muitos anos de dores e desgostos.

Meu pai era mais baixo que ela, de peito largo e cabeça angulosa, e mesmo quando jovem seus cabelos eram grisalhos. Ele sempre se vestia inteiramente de branco, conforme o costume muçulmano, e trabalhava como mestre de obras. Tinha 24 anos — e minha mãe, 18 — quando se casaram.

Hoje conheço muito melhor os motivos por que raramente via meu pai. Quando eu tinha cerca de 3 anos, Guddu, 9, Kallu, 6, e minha mãe estava grávida de Shekila, meu pai avisou que havia desposado outra mulher — coisa que o islamismo lhe permitia fazer — e que nos deixaria para viver com ela. Minha mãe aparentemente não fazia ideia da intenção do meu pai de se casar de novo até o dia em que ele havia anunciado o fato consumado — foi um grande choque. Meu pai tinha conhecido a nova esposa em um dos seus canteiros de obra, onde ela trabalhava erguendo tijolos e pedras e os transportando de um lado para o outro sobre bandejas em cima da cabeça. Minha mãe, às vezes, ainda ia visitá-lo onde ele morava, nas cercanias da cidade. A segunda esposa do meu pai tinha muito ciúme dela e a enxotava de casa, e minha mãe tinha certeza de que era ela quem impedia meu pai de nos visitar. Com certeza, não me lembro de ele vir nos visitar em casa.

Minha mãe decidiu não se divorciar, embora as leis islâmicas o permitissem, já que havia sido abandonada pelo marido. Continuou casada com meu pai, mesmo que ele não morasse mais com ela nem a sustentasse.

Ela ficou profundamente perturbada com tudo o que havia acontecido e descreve aqueles tempos terríveis como um furacão que varreu sua vida. Às vezes, ficava tão desorientada que não sabia onde terminava o céu e começava o chão. Quis morrer — até pensou em dar veneno a todos nós ou em se deitar sobre os trilhos da ferrovia vizinha à nossa casa para ser morta pelo primeiro trem que passasse.

Foi então que decidiu se mudar conosco para a área muçulmana de Ganesh Talai, para o apartamento que agora jaz desocupado. Ela acreditava que sua família hindu não a aceitaria de volta, mas a comunidade muçulmana parecia disposta a apoiá--la, apesar das circunstâncias em que se encontrava. Desconfio que, além disso, ela achava que as condições mais prósperas do bairro muçulmano o tornariam um lugar melhor para criar os filhos. Descobri que, atualmente, a segregação religiosa de que me lembrava tinha diminuído, e não há mais duas áreas com uma divisão tão marcada como antes.

Apesar da mudança, minha mãe só se converteu formalmente ao islã depois do meu desaparecimento, ainda que não cobrisse o rosto com um véu, como o faziam algumas das suas amigas que nos visitaram. Não me lembro de ter recebido nenhum tipo de educação religiosa quando criança, embora às vezes visitasse o templo local mantido por Baba. Mas me lembro de que, certo dia, disseram-me simplesmente que eu não podia mais brincar com meus amigos porque eles eram hindus. Tive de fazer amigos novos — muçulmanos.

O maior impacto que o islã exerceu na minha criação não foi agradável — a circuncisão. Não sei por que tive de me submeter a isso, se não éramos convertidos. Talvez minha mãe tenha achado conveniente adotar alguns dos costumes locais para se manter em paz com os vizinhos, ou talvez tenham lhe dito que essa era uma exigência para que morássemos lá. Por alguma razão, a operação foi feita sem anestesia, portanto é, naturalmente, uma das minhas memórias mais nítidas e mais antigas.

Eu estava brincando na rua com alguns outros meninos, quando um garoto apareceu e me disse que estavam me chamando em casa. Quando cheguei lá, várias pessoas estavam reunidas no local, inclusive Baba. Ele me avisou que uma coisa importante estava para acontecer, e minha mãe me disse que eu não precisava ter medo, pois ficaria tudo bem. Depois disso, vários homens que eu já tinha visto na vizinhança me conduziram ao andar de cima, onde ficava o maior quarto do nosso prédio. Havia um grande vaso de cerâmica no meio do cômodo, e os homens me mandaram tirar o calção e sentar dentro dele. Dois deles seguraram meus braços, enquanto outro ficou de pé atrás de mim para apoiar minha cabeça com a mão. Os dois homens restantes me mantiveram onde estava sentado, em cima do vaso. Eu não tinha a menor ideia do que estava acontecendo, mas consegui manter a calma — pelo menos até outro homem chegar trazendo uma navalha. Comecei a gritar, mas eles me seguraram firme enquanto o homem cortava com destreza. Doeu muito, mas terminou em poucos segundos. Fui enfaixado, e minha mãe me pôs de cama. Poucos minutos depois, Kallu subiu e o mesmo aconteceu com ele. Guddu, não. Talvez já tivesse feito.

Naquela noite, houve uma festa na vizinhança, com comida e dança, mas Kallu e eu só pudemos ficar sentados no alto do nosso prédio e escutá-la. Fomos proibidos de sair de casa por vários dias, e durante esse período fomos forçados a jejuar e só podíamos vestir uma camisa, nada de calças, até que nos recuperássemos.

Sem meu pai para prover o sustento da família, minha mãe foi forçada a procurar emprego. Logo após o nascimento de Shekila foi trabalhar em canteiros de obras, como a nova esposa do meu pai. Felizmente, era uma mulher forte e deu conta do trabalho pesado. O salário era irrisório (embora estivesse dentro do padrão do que se pagava no interior da Índia à época): um punhado de rupias para carregar pedras pesadas na cabeça, de manhã à noite e sob um sol escaldante. Ela trabalhava seis dias por semana em troca de algo em torno de um dólar e trinta centavos. Guddu foi trabalhar também, e seu primeiro e longo turno lavando pratos em um restaurante lhe rendeu menos de meia rupia.

Mendigar por comida na parte muçulmana do bairro garantia uma dieta mais variada que a que tínhamos antes — às vezes, conseguíamos até comer carne de carneiro ou frango. Também lembro que comíamos comidas especiais durante um festival ou uma festa, de casamento ou de qualquer outro tipo, e esses eventos ocorriam com bastante regularidade. Com frequência, havia algum tipo de festival acontecendo, e isso significava um pouco de diversão para todos nós e comida de graça — em grande quantidade.

Usávamos roupas doadas pelos vizinhos. Por sorte, como o clima era quente, não precisávamos de muita roupa. Peças simples de algodão eram suficientes. Estudar estava fora de cogitação. A escola em cuja entrada eu costumava passar o tempo, olhando os alunos sortudos entrando e saindo, era a Saint Joseph Convent School, que as crianças de Khandwa ainda frequentam.

Como era o mais velho, Guddu se sentia responsável pela nossa sobrevivência e estava sempre fazendo bicos para trazer um pouco mais de dinheiro para casa. Contaram a ele que era possível ganhar dinheiro como vendedor ambulante na plataforma da estação de trem, então começou a vender kits de escova e pasta de dente para os viajantes. Isso lhe rendeu uma prisão, fundamentada em alguma interpretação das leis de trabalho infantil. Guddu era conhecido pela polícia local — assim como Kallu e eu, bem como muitos outros meninos do nosso bairro — como um oportunista, talvez um ladrão insignificante. Por exemplo, tínhamos aprendido a furar buracos nos sacos de arroz ou de grão-de-bico que ficavam empilhados na estação à espera dos vagões de carga para obter um pouco mais de comida para botar na mesa. Na maioria das vezes, conseguíamos fugir ou ganhávamos um beliscão na orelha, mas não éramos considerados grandes ameaças à sociedade. Entretanto, por algum motivo, embora Guddu tivesse sido preso daquela vez por causa de uma lei projetada para protegê-lo, não quiseram libertá-lo.

Alguns dias depois, um policial contou à minha mãe onde ele estava. Fomos todos juntos à casa de detenção de menores, um complexo imponente de edifícios, e minha mãe implorou aos policiais até Guddu ser liberado. Não sei o que ela disse, mas provavelmente devia ter deixado bem claro que não sairia de lá sem o filho.

Nossa mãe nos criava sozinha — nosso pai havia nos abandonado completamente. Meus familiares me contaram que, quando ele ainda morava com a gente, às vezes ficava violento e descontava suas frustrações em nós. Não havia nada que pudéssemos fazer — uma mulher sozinha e quatro crianças pequenas — contra um homem irritado. Ele queria se livrar de nós, pressionado pela nova esposa, e até tentou nos forçar a ir embora de Khandwa. Mas minha mãe não tinha dinheiro para partir, nenhum lugar para morar nem nenhum outro meio de sobrevivência. A pequena rede de pessoas que a ajudavam não se estendia para além de Ganesh Talai. No fim, meu pai e a sua esposa deixaram o bairro e se mudaram para um vilarejo nas cercanias de Khandwa, o que facilitou um pouco as coisas para nós.

Eu era jovem demais para compreender a separação dos meus pais. Para mim, meu pai simplesmente não estava por perto. De vez em quando, eu descobria que havia ganhado chinelos de dedo feitos de borracha e me diziam que ele tinha comprado calçados novos para todos nós.

A única vez que me lembro de ter visto meu pai foi quando eu tinha 4 anos e todos nós tivemos de ir à casa dele para visitar seu filho recém-nascido. Foi uma verdadeira excursão. Minha mãe nos acordou, nos vestiu e fomos andando até o centro de Khandwa sob um calor terrível para pegar o ônibus. Fiquei de olho sobretudo em Shekila, que estava exausta por causa da caminhada naquele calor. O percurso de ônibus levava poucas horas, mas com a caminhada e a espera, a viagem nos tomou o dia inteiro. Havia mais uma hora de caminhada depois de descer do ônibus, e já era noite quando chegamos ao vilarejo. Passamos a noite encolhidos perto uns dos outros na entrada da casa de umas pessoas que minha mãe conhecia — eles não tinham espaço do lado de dentro para nos abrigar, mas as noites eram quentes e não foi desagradável. Pelo menos não estávamos na rua. Só na manhã seguinte, depois de dividirmos um pouco de pão e leite, foi que descobri que minha mãe não iria conosco — ela havia sido proibida de ir. Portanto, um conhecido dos meus pais nos acompanhou, os quatro, até a casa do meu pai rua acima.

Apesar de tudo isso — ou talvez por ignorar tudo isso —, fiquei muito feliz quando vi meu pai nos saudando à porta de sua casa. Entramos, vimos sua nova esposa e conhecemos o bebê. A impressão que tive foi de que sua esposa nos tratou com gentileza — ela fez um jantar gostoso para nós e passamos a noite lá. Mas, no meio da noite, Guddu me sacudiu até eu acordar: ele falou que iria fugir com Kallu escondido e perguntou se eu queria acompanhá-los. Tudo que eu queria era dormir. Quando acordei de novo, foi ao som do meu pai indo atender à porta da frente, onde alguém batia com força. Um homem tinha visto meus irmãos fugindo do vilarejo e entrando na mata. Ele temia que pudessem ser atacados por tigres selvagens.

Mais tarde, soube que Guddu e Kallu tentaram fugir naquela noite — estavam chateados com o que estava acontecendo na nossa família e queriam escapar do nosso pai e da sua outra esposa. Felizmente, foram encontrados algumas horas depois, sãos e salvos.

No entanto um problema se transformou em outro: naquela mesma manhã, parado no meio da rua, vi meu pai se aproximando e percebi que ele estava perseguindo minha mãe, com duas pessoas atrás dele. Não muito longe de mim, ela parou de súbito e se virou para encará-lo, e os dois começaram a discutir e a gritar com raiva. Logo outras pessoas se juntaram a eles, de ambos os lados. Hoje, compreendo que a discussão pessoal dos meus pais se misturou à tensão entre hindus e muçulmanos que havia na época e rapidamente se transformou num confronto entre pessoas das duas religiões, os hindus do lado da minha mãe e os muçulmanos do lado do meu pai. Os ânimos se exaltaram e houve muita troca de insultos. Nós, crianças, gravitávamos em torno da nossa mãe imaginando até onde iria aquele festival de gritos e empurrões. Então, surpreendentemente, meu pai arremessou uma pequena pedra, que atingiu a cabeça da minha mãe. Eu estava ao lado dela quando a pedra a atingiu e a fez cair de joelhos, a cabeça sangrando. Felizmente, porém, esse ato de violência pareceu chocar as outras pessoas também, acalmando os ânimos em vez de atiçá-los. Enquanto socorríamos minha mãe, a multidão que havia se aglomerado de ambos os lados começou a dispersar.

Uma família hindu conseguiu espaço para nos hospedar por alguns dias enquanto minha mãe se recuperava. Mais tarde, nos contaram que um policial tinha levado meu pai e o havia trancado na carceragem da delegacia por um dia ou dois.

Esse episódio ficou marcado na minha memória como um exemplo da coragem da minha mãe, que se voltava para enfrentar seus perseguidores, mas também da vulnerabilidade dos pobres na Índia. Na verdade, foi por pura sorte que aquelas pessoas se dispersaram. Podiam facilmente ter matado minha mãe — e talvez seus filhos.

Mesmo assim, talvez por ter passado tanto tempo distante, eu estava aberto à ideia de rever meu pai. Pode ser difícil der por que, com tão poucas recordações dele e nenhuma delas muito positiva. Mas ele é parte da minha identidade, parte da história da minha vida. E talvez às vezes as famílias devam perdoar as pessoas que erraram no passado. Entretanto, como ele morava um pouco longe dali e sem saber se desejaria me ver, decidi que o encontro não se daria nessa viagem. Não mencionei nada disso com ninguém na ocasião, e, como era algo que eu só queria fazer com o apoio dos meus familiares, sabia que teria de levantar o assunto com cautela e quando já estivesse mais íntimo deles novamente.

Conforme eu passava mais tempo com minha família e me reintegrava ao lugar onde havia nascido, pensei sobre a palavra que todos continuavam usando, inclusive eu: "lar". Eu estava no meu lar, finalmente?

Eu não sabia. Depois que me perdi, tive a sorte de ser adotado por uma família amorosa, e não apenas fui viver em outro lugar como também me tornei uma pessoa diferente da que teria sido se tivesse ficado na Índia. Eu não apenas vivia na Austrália; concebia a mim mesmo como australiano. Via a casa dos Brierleys como o lar da minha família e tinha meu próprio lar em Hobart com minha namorada, Lisa. Eu sabia que pertencia a esses lugares e que era amado neles.

Mas, ao encontrar Khandwa e a minha família, também sentia que estava voltando para meu lar. De algum modo, estar ali simplesmente parecia certo. Eu também era amado, e pertencia ao lugar, de um jeito que jamais havia imaginado de antemão e que não conseguia explicar direito. Era ali que eu havia passado meus primeiros anos de vida; meu sangue estava na Índia.

Assim, quando chegou a hora de voltar para Hobart — e essa hora chegou muitíssimo rápido —, a dor da partida me atingiu em cheio. Prometi a minha mãe, a meus irmãos e a suas jovens famílias que voltaria em breve. Eu havia descoberto que tinha dois lares, cada um com seus próprios vínculos emocionais, ainda que estivessem separados por milhares de quilômetros. Essa jornada, na qual havia embarcado para resolver meus problemas de identidade, não estava terminada. Eu tinha algumas respostas — muitas delas — mas também tinha muitas outras perguntas, que talvez não tivessem resposta, mas continuavam martelando na minha cabeça mesmo assim. Uma coisa era óbvia: eu estava fadado a fazer muitas vezes a viagem entre a Índia e a Austrália — entre meus dois lares.

12

ELOS

Enquanto estava na Índia, eu havia recebido uma mensagem empolgada da minha amiga Asra, que tinha ficado sabendo do meu reencontro por meio dos nossos pais. Nossas famílias permaneceram próximas desde que havíamos chegado a Melbourne, tantos anos atrás. Quando cheguei a Hobart, liguei para Asra para compartilhar um pouco da alegria das minhas experiências, consciente de que, infelizmente, ela não poderia embarcar no mesmo tipo de jornada, pois era órfã porque seus pais indianos morreram. Asra ficou muito feliz por mim e me perguntou o que eu iria fazer, agora que havia conseguido me reintegrar ao meu passado. Tinha sido um tamanho turbilhão de revelações e emoções desde que havia voltado a Khandwa que não sabia o que responder.

Não havia imaginado quase nada além de encontrar minha casa e, talvez, minha mãe. Suponho que eu tenha pensado nisso como o fim da linha, mas na verdade foi praticamente um novo começo. Eu agora tinha duas famílias e precisava pensar em como me encaixava em cada uma delas — através do mundo e de culturas.

Meus pais e Lisa ficaram aliviados com a minha volta. Ainda que tivéssemos conversado por telefone todos os dias enquanto eu estava na Índia, eles temiam que não estivesse lhes contando tudo. De início, pensaram que eu poderia desaparecer de novo. Depois, Lisa começou a se preocupar com minha segurança — eu estava em uma das regiões mais pobres de um país estrangeiro; quem saberia o que esperar? Só quando retornei foi que percebi o quão estressante minha viagem tinha sido para eles.

No entanto, isso logo ficou para trás, pois todos estavam ansiosos por me ouvir falar do encontro com minha família. Eles conheciam os fatos principais, é claro, e agora queriam saber todos os detalhes — que histórias tínhamos contado uns aos outros, de que eventos da minha infância os outros se lembravam e que eu havia esquecido, se eu desejava voltar.

Pareciam tentar descobrir se eu ainda queria estar aqui ou se estava pensando em me mudar para a Índia. Garanti a eles, na medida do possível, que, embora a experiência tivesse sido transformadora em muitos aspectos, eu ainda era o mesmo Saroo. Na verdade, levei um tempo para me reintegrar em meu antigo eu novamente e enxergar Hobart com meus olhos de sempre e não com os de um indiano pobre.

Mas uma coisa em mim havia mudado, e isso logo se tornou aparente: agora eu tinha uma história para contar, e muitas pessoas queriam ouvi-la. O jornal *The Mercury*, de Hobart, entrou em contato comigo logo após a minha volta. Um repórter tinha ouvido falar da história, de algum modo, e eu concordei em lhe dar uma entrevista. Isso abriu as comportas. Depois do *The Age*, de Melbourne, e do *Sydney Morning Herald*, foi a vez da mídia internacional.

Não estávamos preparados para minha recém-adquirida condição de celebridade — talvez ninguém seja capaz de se preparar para isso. Às vezes, o telefone tocava no meio da noite com a ligação de repórteres de todo canto do mundo. Percebi que precisava de ajuda para lidar com a situação e arranjei um assessor. Pouco depois, editores e produtores cinematográficos começaram a me ligar fazendo ofertas. Foi surreal. Sou um mero vendedor de tubulações, mangueiras e outros acessórios industriais; nunca busquei a fama — só busquei minha cidade e minha família na Índia! Embora gostasse de contar minha história, jamais havia me ocorrido ser o tipo de pessoa que tinha um assessor e que marcava encontros com profissionais dos meios de comunicação. Felizmente, Lisa e meus pais me deram muito apoio e todo o tempo de que precisava. E, ainda que fosse cansativo repetir minha história de novo e de novo aos jornalistas, considerava que era uma espécie de dever meu fazer isso, porque poderia ajudar pessoas — o que tinha acontecido comigo era extraordinário e poderia oferecer esperança a pessoas que desejavam encontrar sua família perdida, mas que achavam isso impossível. Talvez até mesmo pessoas em situações diferentes pudessem encontrar inspiração na minha experiência de agarrar oportunidades, por mais temerosas que parecessem, e nunca desistir.

Durante esse tempo, eu me mantive em contato com minha família indiana por videoconferências pela internet, que meus parentes acessavam através do computador de um vizinho. Um acesso parcial, pelo menos — o computador não tinha câmera, portanto eu não podia vê-los, mas eles podiam me ver; e conversávamos ou aos trancos e barrancos ou com a ajuda de um intérprete. Decidi que teria de ensinar minha mãe a usar o computador para que pudéssemos nos manter em contato e nos ver, mesmo morando em lugares tão distantes. Agora que a família estava reunida novamente, eu queria participar dela de verdade, construindo nossa relação e ajudando a cuidar da minha mãe e dos meus sobrinhos.

* * *

Ainda havia muitas coisas que eu queria saber, e esperava que elas ficassem mais claras quando voltei à Índia para uma segunda visita. Era quase inverno, embora o tempo ainda estivesse quente e o ar fosse uma mistura sufocante de neblina e fumaça. Com o tempo assim, o céu é de um laranja acinzentado e não muda muito quando o dia vira noite.

Eu seguia para Khandwa a tempo de acompanhar o fim do Diwali, o "Festival das Luzes" do hinduísmo. Assim como havia ocorrido com grande parte da cultura indiana, eu tinha me esquecido de quase tudo a respeito do evento, mas os indianos adoram ocasiões festivas, por isso sabia que seria muito colorido. O Diwali é uma celebração de todas as coisas boas e uma rejeição do mal. Lakshimi, a deusa da prosperidade, é invocada e louvada na festa. Famílias exibem suas riquezas perante a imagem dela em seu santuário doméstico e expressam gratidão pelo que têm. As pessoas ceiam e trocam presentes. Além disso, tradicionalmente, acendem-se pequenas lâmpadas a óleo nas residências e os edifícios são cobertos de luzes coloridas, como acontece na Austrália na época do Natal. Há também muitas bombinhas, e, ao longo do dia, escutam-se fortes estouros conforme as pessoas as soltam para espantar os maus espíritos. À noite, o céu fica todo iluminado pelos fogos de artifício.

Cheguei quando a noite se assentava sobre as ruas estreitas da parte velha da cidade, já no auge das festividades. Minha mãe tinha me dito que eu podia dormir na casa dela sempre que desejasse, mas sei que compreendia que eu agora vivia como um ocidental, e precisava de espaço e confortos que seu pequeno apartamento não oferecia. Agradeci a ela a generosidade, mas lhe disse que seria melhor eu me hospedar no hotel, que não era muito longe, e visitá-la diariamente. Assim, depois de deixar as malas no Hotel Grand Barrack, tomei um táxi e fui me juntar a ela e a minha família em Ganesh Talai.

Atravessamos a ferrovia pela passagem sob os trilhos, as ruas agitadas com pessoas fazendo compras, e o motorista me deixou na praça perto do templo e da mesquita de Ganesh Talai — localizados a uma distância tolerantemente próxima. Continuei a pé pelas vielas da minha infância, me sentindo um pouco mais em casa.

Tinha estudado um pouco de hindi antes de voltar e havia conseguido algum progresso, mas, assim que entrava em qualquer tipo de conversa, logo ficava a ver navios. (Ouvi falar de um homem no YouTube que se gaba de ensinar hindi em três dias. Talvez ainda o procure algum dia, mas sinto que não existem atalhos.)

Minha mãe me recebeu com muita alegria e carinho. Ela havia se mostrado muito compreensiva com minha "outra vida", sobretudo considerando que não sabia nada sobre a Austrália, exceto que lá também se jogava críquete. Houve uma rodada de partidas de um dia entre Austrália, Índia e Sri Lanka durante minha primeira visita, e minha mãe disse que, depois que fui embora, sempre que via na TV a transmissão de um jogo de críquete da Austrália, ela se esticava até a tela do aparelho e a tocava, na esperança de que eu estivesse no lugar onde seus dedos haviam pousado. Shekila e Kallu vieram de suas casas para estar lá quando eu chegasse. Mais uma vez, recebi as boas-vindas da família sem reservas.

Minha mãe insistiu para que, na condição de convidados, todos nós nos sentássemos nas cadeiras de plástico, enquanto ela se sentaria no chão aos meus pés. Não precisávamos de muitas palavras para expressar o quanto estávamos felizes por nos rever, mas foi maravilhoso quando Cheryl chegou para servir de intérprete mais uma vez.

Mesmo assim, conversar era um processo lento. Muitas vezes, eu fazia uma pergunta em uma única frase, então todos ficavam conversando entre si por uns cinco minutos, até que eu recebia uma resposta, geralmente em uma única frase também. Suponho que Cheryl tivesse de editar a resposta. Ela era muito generosa, uma mulher paciente com um senso de humor afiado, o que era bastante apropriado, pois minha mãe, Shekila e Kallu gostavam de fazer brincadeiras: parece que é de família.

Conheci uma mulher chamada Swarnima que falava inglês fluentemente. Ela havia se interessado tanto pela minha história que tinha se oferecido para vir e servir de intérprete para nós por um tempo. Tomei providências para que Swarnima fosse paga pelo serviço, mas ela devolveu o dinheiro. Na verdade, os pais dela me contaram que Swarnima havia ficado chateada por eu ter visto sua atitude como uma relação profissional e não como uma oferta de amizade. Fiquei impressionado com seu espírito generoso e acabamos nos tornando bons amigos.

Por vários dias, passamos as tardes no cômodo da frente da casa da minha mãe, todos juntos conversando — e bebendo *chai* e comendo —, geralmente na companhia de parentes e amigos, com Swarnima traduzindo o que falávamos em meio ao ruído do pequeno ventilador enferrujado nas velhas vigas de bambu do telhado. Minha mãe parecia temer que eu ainda estivesse subnutrido, ainda que vinte e seis anos da dieta australiana com certeza tivessem solucionado esse problema, e não parava de me oferecer comida.

O sabor de seus *curries* de cordeiro é uma das mais nítidas recordações que guardo da minha infância em Ganesh Talai. Já comi *curry* de cordeiro em muitos lugares, de cafés de beira de estrada até restaurantes de luxo, mas posso dizer com toda a sinceridade que nunca provei nenhum que se comparasse àquele que minha mãe cozinha no pequeno fogão nos fundos de casa. Há algo de especial no equilíbrio de temperos e na consistência da carne — se o cordeiro não é cozinhado direito, as fibras ficam presas entre os dentes. Sei que isso soa como um típico elogio de filho orgulhoso, mas nem por isso deixa de ser verdade! Já cozinhei *curry* de cordeiro um monte de vezes em casa, na Tasmânia, seguindo a receita que peguei com minha mãe na minha primeira visita, mas o dela é sempre melhor.

Durante essa visita, conversamos muito sobre como a família jamais havia abandonado a ideia de que eu poderia voltar. Minha mãe tinha visto o corpo de Guddu e, portanto, sabia com certeza que ele estava morto, porém, quanto a mim, ela falou que eles não choraram minha morte como choraram a do meu irmão, pois não podiam ter certeza de que eu estava morto. Além do mais, algumas curiosas afirmações vieram confirmar essa crença posteriormente. Minha mãe nunca parou de orar pelo meu retorno, e visitou muitos sacerdotes e líderes religiosos, em busca de ajuda e orientação. Todos eles lhe diziam que eu estava saudável, feliz e em circunstâncias favoráveis; e, o que é mais impressionante, quando ela lhes perguntava onde eu estava, apontavam um dedo para o sul e diziam: "Ele está naquela direção."

Fizeram o possível para me encontrar. Era uma tarefa impossível, claro — eles não tinham ideia de para onde eu poderia ter ido. Mas minha mãe gastou todas as suas economias procurando por mim, pagando pessoas para procurar e até viajando, ocasionalmente, pela região, de cidade em cidade buscando informações. Segundo Kallu, eles conversaram bastante com a polícia de Burhanpur e de Khandwa — além disso, ele chegou a fazer hora extra para ganhar mais dinheiro e pagar as buscas da família. Mas nunca descobriram nada.

Não poderiam ter mandado imprimir cartazes de "criança perdida", mesmo que conseguissem o dinheiro necessário para isso, pois não havia nenhuma foto minha. Orar era tudo que lhes restava fazer.

Comecei a perceber que, assim como a busca pela minha mãe tinha, de certo modo, moldado minha vida, sua fé em que eu estava vivo também havia moldado a dela. Minha mãe não tinha como me procurar, mas tomou a segunda decisão mais acertada: permaneceu onde estava. No meio de uma conversa, perguntei por que ainda morava em Ganesh Talai, quando poderia ter ido para Burhanpur viver com Kallu e a esposa. Ela falou que queria ficar perto da casa onde vivia quando desapareci, assim eu poderia encontrá-la se algum dia voltasse. A ideia me deixou abalado. É verdade que, se ela tivesse se mudado para mais longe, eu não teria tido a menor chance de rastreá-los. A força de sua crença de que eu estava vivo me parece hoje um dos aspectos mais extraordinários de toda essa história.

Testemunhei tantas coincidências, tantos acontecimentos estranhos, que aprendi a simplesmente aceitá-los — e até a me sentir grato por eles. Kallu e Shekila me disseram que sempre guardaram com carinho as recordações de todos nós brincando e tomando banho juntos quando éramos crianças — todas as brincadeiras e travessuras dos nossos primeiros anos. Desde o início, em Hobart, eu costumava imaginá-los na Índia, toda noite antes de dormir. Como eles, eu pensava nos bons tempos que havíamos compartilhado e tentava enviar mensagens à minha mãe dizendo que estava bem e que pensava nela e na família, na esperança de que ainda estivessem vivos e bem. Poderia um forte elo emocional criar algum tipo de conexão telepática? Soa forçado dizer isso, mas passei por tantas coisas que desafiam a razão que não posso excluir a ideia por completo. A mim parece que, de algum modo, a mensagem foi recebida.

Por fim, minha mãe me contou que um dia estava orando a Alá, pedindo bênçãos para a família, quando minha imagem surgiu em sua mente. No dia seguinte, eu retornava para Ganesh Talai e para sua vida.

Nessa visita, também conversamos sobre como nossas vidas estavam mudando desde o meu retorno. Minha mãe me contou que, por causa da publicidade advinda das reportagens na mídia, muitas famílias queriam que suas filhas se casassem comigo, mas ela queria que eu soubesse que qualquer decisão sobre casamento seria minha e somente minha. Tentei, mais uma vez, explicar a ela sobre Lisa, que, embora fôssemos muito felizes juntos, não tínhamos planos de nos casar imediatamente. Ela ficou uma pouco cética. Meu irmão e minha irmã eram, ambos, casados e tinham filhos; minha mãe disse que seu único desejo era que eu fizesse o mesmo antes de sua morte, ou, nas palavras dela, antes que ela "visse a estrada que leva a Deus". Queria que eu tivesse alguém para tomar conta de mim neste mundo antes que ela o deixasse.

Tanto Kallu quanto Shekila disseram que gostariam de visitar a Austrália um dia, embora minha mãe se sentisse fraca demais para fazer uma viagem dessas. Shekila disse que não precisava ver cangurus nem o Sydney Opera House, mas que queria ver a casa onde eu havia crescido. Eles queriam conhecer minha família australiana, e me disseram que oravam por ela todo dia na mesquita.

Uma das coisas mais tocantes que minha mãe me disse foi que, se eu algum dia quisesse voltar e viver na Índia, ela construiria uma casa para mim, depois trabalharia duro para que eu fosse feliz. Claro, minha intenção era o oposto disso: eu queria dar uma casa *a ela* e dar tudo de mim para fazê-la feliz.

Dinheiro pode ser um assunto delicado quando se trata de família, mas eu queria compartilhar a sorte que havia tido. Para os padrões da minha família indiana, eu era um homem rico, que ganhava um salário anual com o qual eles podiam apenas sonhar. Mas eu tinha consciência de que precisava ir com cuidado, pois não queria que a questão do dinheiro complicasse ou maculasse nossa relação, ainda tão recente.

Nós quatro discutimos sobre que arranjo seria mais benéfico. O trabalho novo da minha mãe como faxineira lhe rendia 1.200

rupias por mês — uma quantia muito maior do que a que ela ganhava quando eu era pequeno, mas ainda assim um salário precário, mesmo para o interior da Índia. Assim, combinamos uma maneira de eu complementar sua renda. Quando disse aos meus irmãos que queria comprar uma casa para minha mãe, debatemos sobre se ela devia se mudar de Ganesh Talai e ir morar mais perto de um deles. Mas ela estava feliz ali e queria continuar no bairro onde tinha passado a maior parte da sua vida. Então decidimos procurar uma casa lá mesmo, talvez até o lugar onde já morava, mas fazendo as reformas há muito necessárias.

Inevitavelmente, o tema do meu pai veio à tona. Meu irmão e minha irmã se negavam a perdoá-lo. Não duvidavam de que ele tivesse visto alguma das tantas notícias sobre minha volta, mas eram inflexíveis em afirmar que o mandariam embora se ele aparecesse, por mais arrependido que se declarasse. Ele havia nos abandonado quando éramos crianças e precisávamos dele, portanto consideravam que tinha de viver com a decisão que tomara. Também o culpavam pela morte de Guddu — se meu pai não tivesse nos abandonado, Guddu não teria sido obrigado a se arriscar no trabalho na ferrovia. Na visão deles, as linhas do destino remontavam da morte de Guddu e do meu desaparecimento até o dia em que meu pai trouxe sua nova mulher para nossa casa e a apresentou à minha mãe, então grávida.

Mas, embora meus familiares tivessem jurado jamais voltar a ter qualquer envolvimento com ele, independentemente das circunstâncias, eu não conseguia sentir o mesmo. Se ele se arrependesse de seu comportamento, eu poderia perdoá-lo. Talvez porque também tivesse tomado uma decisão que desencadeou uma série de acontecimentos imprevisíveis, eu era capaz de imaginar que ele podia simplesmente ter feito a escolha errada e que tudo o mais havia decorrido disso. Eu não podia odiá-lo por cometer erros. Ele continuava sendo meu pai — ainda que, na verdade, eu não o conhecesse —, e não conseguia deixar de pensar que minha reintegração ao passado estava incompleta sem a figura dele.

Eu sempre havia tido dúvidas se ele se interessaria em me ver, porém, mais para o fim da minha estadia, recebi notícias suas através de uma pessoa que ainda mantinha contato com ele. De fato, meu pai tinha ficado sabendo do meu retorno e havia ficado irritado com o fato de ninguém da família ter contatado para ele. Meu pai tinha ficado doente recentemente e queria me ver. A mensagem se encaixou quase perfeitamente no meu dilema — apesar do tom nada simpático, eu não conseguia me manter totalmente insensível a ele e a seu estado de enfermidade. Entretanto, eu não tinha tempo de ir a Bhopal, muito menos para levantar a questão com minha família e pedir sua aprovação. A decisão teria de ser deixada de lado por enquanto.

Se havia alguém que há muito eu estava ansioso para conhecer era Rochak, um advogado local de 20 e poucos anos que era o administrador do grupo de Facebook "Khandwa: minha cidade". Ele foi me visitar no hotel, e foi bom poder enfim ligar seu nome a um rosto. O grupo dele tinha sido crucial para que eu confirmasse que havia encontrado a cidade certa. Rochak também tinha me ajudado a planejar a melhor maneira de viajar de Hobart para Khandwa. O Facebook tinha me auxiliado tanto quanto o Google Earth a reencontrar minha família.

Fiquei feliz de poder agradecer a Rochak pessoalmente, que ficou genuinamente muito feliz com o papel que ele e seus amigos do Facebook desempenharam na minha história, confirmando detalhes como a localização da fonte e do cinema próximos à estação de Khandwa (uma vez que ele tinha se dado conta de que o cinema ao qual me referia havia fechado). Infelizmente, na época, ele se esqueceu de me enviar fotos que o confirmassem, e eu não quis pressioná-lo. Agora, Rochak afirmava que poderia ter ajudado mais, se soubesse por que eu estava perguntando — eu não me sentia à vontade para contar meus planos a ninguém.

Rochak estava fora da cidade quando a história da minha volta para casa foi divulgada, mas logo entendeu o que havia acontecido ao voltar e ver que seu grupo no Facebook de repente tinha ganhado cento e cinquenta novos membros, metade dos quais não só não morava em Khandwa como nem indianos era.

Ele gostava de como a internet estava colocando habitantes de cidades remotas do interior, como Khandwa, em contato com pessoas do mundo afora, bem como expandindo os horizontes dos indivíduos e construindo relações que antes teriam sido impossíveis. Algumas pessoas desprezam as relações de Facebook e dizem que se deve arranjar amigos no mundo real. A ajuda on-line de Rochak foi essencial — certamente não há base mais sólida que essa para a amizade.

Antes de ir embora, Rochak me lembrou do provérbio hindu segundo o qual "Tudo está escrito": o destino trilha seu caminho inevitável. Para ele, o fato de eu ter encontrado minha casa e minha família foi a realização do destino, assim como havia sido a ajuda dele.

Rochak também me ajudou em uma última coisa: arranjando-me um carro e um motorista para fazer comigo a viagem de uma hora e meia até Burhanpur, onde passaria a noite antes de embarcar numa jornada com dolorosas recordações.

Eu tinha um trem para tomar.

13

RETORNO

Havia mais uma coisa que precisava fazer para poder enterrar certos fantasmas do passado. Eu queria voltar a Kolkata como adulto, e, para chegar até lá, tomaria um trem em Burhanpur, assim como havia feito quando era um menino de 5 anos que, em pânico, tinha se visto preso dentro de um vagão vazio. Precisava ver que recordações aquela viagem traria de volta.

Na Índia, não existe nada que se assemelhe a reservar uma passagem de trem. Com a imensa quantidade de pessoas para um número limitado de assentos, é preciso verificar exaustivamente um lugar reserva se quiser se assegurar de que, ao entrar no trem, não haverá ninguém já sentado no assento e de que ele não será ocupado por outra pessoa durante a viagem. Isso se torna ainda mais difícil quando não se sabe exatamente aonde se está indo — precisei de alguma ajuda para descobrir qual poderia ter sido o trem que havia me levado até o outro lado do país.

A primeira vez que encontrei Swarnima foi na estação de Khandwa. Eu tinha acabado de abandonar uma longa fila na bilheteria após me dar conta de que sem falar hindi seria difícil saber se estava comprando a passagem certa. Estava me sentindo derrotado por todo aquele processo, por isso a ajuda dela foi inestimável. Os trens que saem de Burhanpur seguem em apenas duas direções: nordeste ou sudoeste. Juntos, descobrimos que em ambas as direções se obtinha uma possível rota até Kolkata — uma delas implicava seguir para o sul até Bhusawal, onde havia um entroncamento ferroviário mais importante de onde partia uma linha que cruzava o país mais ou menos rumo ao leste; e a outra implicava rumar para o nordeste até finalmente perfazer um arco e seguir para sudeste em direção à capital de Bengala Ocidental. A viagem rumo ao norte podia ser feita sem mudança de trem.

Quando as duas rotas me foram apresentadas, uma das quais teria me levado inadvertidamente vinte e cinco anos antes, eu tive de enfrentar alguns elementos de incerteza nas minhas lembranças daquele tempo. Eu com certeza havia me enganado em pelo menos um detalhe importante. Na minha cabeça, eu tinha acordado dentro do trem e chegado a Kolkata no mesmo dia depois de viajar cerca de doze a quinze horas. Isso era o que eu sempre havia contado a todo mundo e que, de fato, tinha servido de base para grande parte das minhas buscas no Google. Mas era simplesmente impossível ir de Burhanpur a Kolkata nesse tempo. Trata-se de uma viagem de trem de 1.680 quilômetros pela rota norte e apenas 100 quilômetros a menos pela rota leste via Bhusawal. A viagem levaria mais de vinte e nove horas. Eu sabia que tinha embarcado no trem em Burhanpur à noite, portanto devo ter passado outra noite em trânsito. Talvez eu tenha dormido durante toda a segunda noite. Ou talvez, como tinha apenas 5 anos e estava aterrorizado, acordando e dormindo entre rompantes de pânico e choro, tenha simplesmente perdido a noção do tempo. Seja como for, a viagem era, claramente, maior do que eu lembrava.

Isso explicava por que minhas meticulosas buscas no Google Earth demoraram tanto. Eu não apenas tinha perdido um longo tempo procurando em áreas erradas do país como, mesmo quando estava procurando a oeste, os limites aproximados que eu havia calculado com base na distância possivelmente percorrida no intervalo de tempo de que me lembrava eram muito próximos a Kolkata. No fim, só encontrei Burhanpur durante uma passada de olhos incrivelmente fortuita por uma região situada para além dos limites de busca que eu tinha estabelecido. Será que eu teria encontrado o lugar mais rapidamente se tivesse acertado o tempo da viagem? Talvez sim, mas talvez não — como eu havia decidido que o único método confiável era seguir as linhas de trem que saíam de Kolkata, ainda assim teria gastado um bom tempo examinando-as, e precisaria tê-las acompanhado até mais longe. Suponho que, uma vez coberta toda a zona de buscas, eu a teria expandido e então prosseguido — gosto de pensar que teria conseguido de qualquer maneira.

À medida que refletia sobre em qual das duas rotas devia reservar minha passagem, outra das minhas antigas certezas foi desafiada. Sempre havia estado certo de que, depois de pular daquele trem junto com Guddu, eu tinha dormido em um banco, acordado mais tarde e visto um trem na minha frente, no qual havia embarcado, tudo isso sem sair da plataforma. Assim como tínhamos viajado no sentido sul de Khandwa a Burhanpur, qualquer trem dessa mesma linha, quase com certeza, também teria rumado para o sul, e é impossível chegar a Kolkata assim sem trocar de trem. Logo, eu tinha de admitir que, ou eu estava enganado ao achar que não havia saído da plataforma onde Guddu tinha me deixado — e, nesse caso, eu poderia ter tomado um trem rumo ao norte que me levara direto a Kolkata — ou tinha rumado para o sul e, em algum ponto, trocado de trem.

Como eu disse, minhas recordações daquela noite tenebrosa não são totalmente claras, e às vezes sinto que há coisas de que me lembro apenas vagamente. Ocasionalmente, algumas imagens me vêm à cabeça — assim, embora minha recordação mais proeminente seja de que, uma vez no trem, não consegui mais escapar, de fato sou capaz de vislumbrar uma imagem isolada e fragmentada do trem em uma estação e eu saindo dele e pulando em outro. A cena não passa de uma centelha no fundo da minha mente, inteiramente independente das minhas recordações relativas àquela viagem de trem, e, além disso, não tenho certeza de que seja real. Mas poderia significar que, no começo, fiz a viagem para o sul e depois — seja porque o trem chegou ao ponto final, seja por eu ter percebido que rumava na direção errada — troquei de trem na tentativa de voltar? Era possível, e isso implicava que eu poderia ter chegado a Bhusawal e, acidentalmente, embarcado em um trem que rumava para o leste, até Kolkata.

Levando em consideração a possibilidade de eu ter mudado de trem, não havia mais como saber qual das duas rotas era mais provável que eu tivesse tomado. Com uma troca de trens em Bhusawal, eu poderia ter seguido para leste em zigue-zague. Mas também poderia ter tomado um trem de volta a Burhanpur, depois dormido enquanto ele estava parado e, por fim, rumado a contragosto pela rota nordeste até Kolkata. Talvez o próprio trem que peguei rumo ao sul tenha voltado no sentido norte em algum momento, enquanto eu dormia, ou talvez o vagão onde eu me encontrava tenha sido transferido para outra locomotiva, que fez o mesmo. Eu tinha de admitir que era improvável que descobrisse a verdade — seria para sempre um mistério.

Então pensei que, como eu não sabia ao certo se estava refazendo minha viagem de forma exata, então talvez a escolha da rota não fosse realmente importante — o mais importante era fazer a viagem e ter uma ideia da enormidade da distância, e talvez ressuscitar algumas memórias enterradas ou pôr de lado algumas questões. Com isso em mente, achei melhor me ater à versão principal guardada na minha memória, segundo a qual eu tinha ficado o tempo todo preso dentro do trem, e resolvi tomar a rota mais direta, ou seja, a que rumava para nordeste. Para ser sincero, optei por esse caminho também porque era o mais fácil de planejar e o mais confortável — havia um trem que partia de Burhanpur ao amanhecer, enquanto a rota sul implicava ter de viajar para Bhusawal tarde da noite e, lá chegando, esperar até as primeiras horas do dia por um trem que rumasse para o leste.

Então decidi tomar o Kolkata Mail, que cobria a mesma rota nos anos oitenta, quando se chamava Calcutta Mail. Saía de Mumbai, na costa oeste da Índia, e chegava a Burhanpur às cinco e vinte da manhã — motivo pelo qual eu tinha de passar a noite lá — e então seguia para o leste, em direção à capital da qual levava o nome. Na verdade, esse trem em particular não devia ser o que peguei quando era criança, mesmo que tenha, de algum modo, caído na rota nordeste. Estava prevista uma parada de apenas dois minutos na estação de Burhanpur, intervalo de tempo necessário para que um fiscal verificasse o nome dos novos passageiros. Como eu poderia ter embarcado e dormido antes que ele partisse da estação? Além disso, sei que não havia nenhum fiscal por perto naquele dia; de fato, é um mistério não ter visto nenhum durante toda aquela dolorosa jornada. Os fiscais são uma presença constante nos trens interestaduais, e este foi justamente um dos motivos por que eu não consegui me distanciar muito de Kolkata quando tentava encontrar o caminho de volta: como estava evitando os fiscais, é provável que eu tenha, inadvertidamente, embarcado apenas em trens locais. (Tive até sorte nisso: se tivesse conseguido sair de Kolkata, eram grandes as chances de que, em vez de voltar a Madhya Pradesh, eu acabasse em algum outro lugar, o que aumentaria o problema. Poderia ter me perdido uma segunda, depois uma terceira vez. Fora de Kolkata, era improvável que uma agência de adoção me encontrasse.)

Eu não queria que as tentativas de refazer exatamente meus passos complicassem as coisas ainda mais. Portanto, uma vez escolhido o Kolkata Mail, com a ajuda de Rochak e Swarnima todo o resto foi arranjado. Quando o carro para Burhanpur chegou, fui fazer uma última visita a minha mãe. A essa altura, Swarnima tinha voltado para Pune, onde morava e trabalhava, mas felizmente Cheryl pôde nos ajudar naqueles poucos minutos de conversa enquanto tomávamos *chai* juntos. Até posamos para algumas fotos de família. Olhando essas fotos hoje, fico admirado com o quanto me pareço com minha mãe e meus irmãos.

Minha mãe e Cheryl me acompanharam até o carro, e passamos por uma pequena multidão de curiosos que se reuniram ali para ver o garoto perdido se separar da família mais uma vez. Essa partida foi particularmente sofrida, pois estávamos reencenando o dia em que eu havia me perdido. Da última vez que tinha partido nessa viagem específica, quando criança, eu não havia me despedido; agora, vinte e cinco anos mais tarde, minha mãe me abraçou forte, sorrindo o tempo todo. Embora deva ter sido tão emocionante para ela quanto era para mim — ou até mais —, desta vez ela não temia que eu não voltasse. Minha mãe sabia que, agora, sempre nos acharíamos.

Passei o início da noite no restaurante do pátio do hotel em Burhanpur observando o céu iluminado pelos últimos fogos de artifício que as pessoas soltavam para esgotar seus estoques do Diwali. Eu sabia que, ao pegar o Kolkata Mail, não estaria resolvendo todos os mistérios da minha viagem original. Na verdade, estava nervoso diante da perspectiva da viagem, por não saber que outras memórias — recordações sobre as quais construí minha própria identidade — ela poderia colocar em cheque.

Disseram-me que seria uma boa ideia chegar à estação de Burhanpur uma hora antes por via das dúvidas. Assim, quando por fim me recolhi ao quarto, ajustei o alarme para tocar às três e dez da madrugada. Mas não precisava ter me incomodado com isso — uma batida à porta me acordou e, ao abri-la, deparei com um jovem que vestia uma jaqueta militar, o rosto quase inteiramente coberto por um lenço, e que se identificava como o motorista de tuk-tuk que a recepção do hotel tinha agendado para me levar à estação. O hotel não tinha água quente, portanto acordei com uma ducha de água fria, e, exatamente às quatro da manhã, fiz o check-out e penetrei na escuridão da rua. Colocamos minha bagagem no veículo de três rodas e disparamos pelas ruas silenciosas, passando por novos prédios de apartamentos, alguns prontos, outros na metade da construção e outros ainda, de acordo com as muitas placas coloridas, a serem construídos em breve. Vi esses anúncios por toda a Índia, cada um deles ostentando um novo prédio com academia, piscina e todas as conveniências modernas, o que, suponho, refletia o boom econômico do país.

Estava fresco antes de o sol nascer. Eu mal havia dormido por causa da expectativa da viagem, por isso o ar mais fresco era bom para me manter acordado. Em torno de nós, vi as silhuetas de vacas dormindo sob as tendas e porcos amontoados.

Paramos perto da estação, onde algumas pessoas estavam sentadas em grupos, enquanto outras dormiam no chão, os lençóis cobrindo-as totalmente, o que dava a perturbadora impressão de serem cadáveres embrulhados em sacos. Lá dentro, um letreiro vermelho reluzente avisava que o trem estava uma hora atrasado. Meu cuidadoso planejamento não havia sido nada necessário.

Eu tinha tempo de sobra para dar uma olhada na estação onde minha primeira jornada para Kolkata havia começado. Embora, em geral, parecesse o mesmo lugar de que me lembrava, algumas coisas mudaram. Eu me lembro de que os bancos da plataforma eram feitos de ripas de madeira, inclusive aquele sobre o qual dormi naquela noite. Agora, os bancos eram de granito polido encaixado numa estrutura de madeira. Além disso, se Ganesh Talai parecia hoje muito mais sujo que quando eu era pequeno, naquela época a estação de Burhanpur era suja e cheia de lixo espalhado, mas agora era muito limpa. Pregado à parede, vi um cartaz de um policial algemando um homem que cuspia na plataforma.

Olhando através dos trilhos para a plataforma oposta, tive certeza de que se tratava do lugar onde havia embarcado para tentar encontrar Guddu. O mais provável era mesmo que eu tivesse viajado para o sul inicialmente, ainda que, de algum modo, tenha voltado por Burhanpur rumo à rota norte. Eu sentia vertigens ao tentar imaginar todas as permutações possíveis.

Um vendedor de *chai* que passava na outra plataforma anunciando seu produto percebeu que eu olhava para lá e me chamou a atenção. Com quase nada para fazer, acenei para ele dizendo que sim, gostaria de um copo. O homem fez um gesto para que eu esperasse e então pulou da plataforma e atravessou os trilhos, meu copo balançando sobre a bandeja de metal. Assim que, com dificuldade, ele subiu de volta a plataforma de onde tinha vindo, um trem de carga passou como um raio pela estação — um espetáculo impressionante e assustador. Na Austrália, os trens costumam reduzir a velocidade ao passar pelas estações, mas ali trens enormes passavam em disparada a intervalos regulares, fazendo a plataforma balançar. O homem do *chai* vivia no meio desses trens e calculava seu tempo de travessia com precisão, porém quão mais difícil não seria fazer isso distraído pela aflição ou pela culpa? E eu não conseguia parar de pensar no que aconteceria a uma pessoa que cometesse um erro. Foi isso que aconteceu com Guddu?

Apesar de não saber direito de qual plataforma havia embarcado e se tinha permanecido ou não a bordo de um único trem, guardo na memória imagens claras, ainda que isoladas, da viagem de trem propriamente dita. Eu me vejo pulando para dentro do trem com dificuldade para procurar Guddu e, depois, me encolhendo sobre um dos assentos e voltando a dormir; acordando em plena luz do dia em um vagão vazio que se movia ruidosamente. Lembro-me vagamente de o trem ter parado pelo menos uma vez durante o percurso, mas em um lugar ermo; e de que em nenhum momento consegui abrir as portas do vagão que davam para fora. Eu estava confuso e assustado, portanto suponho que não seja de admirar que tenha perdido a noção do tempo. Deve ter parecido uma eternidade para uma criança daquela idade.

Gradualmente, veio a luz do dia, e as pessoas ainda chegavam à plataforma aos pouquinhos — ao que parecia, o atraso do trem era previsível. Algumas pessoas estavam empacotadas como se a temperatura estivesse congelante — num lugar tão quente, o frio do amanhecer talvez fosse desconfortável para os moradores locais. Carregavam todo tipo de maletas, mochilas e trouxas, além de eletrodomésticos guardados em caixas de papelão fechadas com fita adesiva. À medida que o dia clareava, pude ver, atrás da estação, a grande torre da caixa-d'água que havia me ajudado a identificar Burhanpur do alto. Tive sorte de ela não ter sido derrubada ou deslocada, pois assim não teria reconhecido o lugar.

O Kolkata Mail entrou na estação junto com a chegada da aurora. Ele já tinha viajado 500 quilômetros em oito horas no sentido nordeste, desde Mumbai, no mar Arábico. Posicionei-me onde meu vagão deveria parar e, como previsto, um fiscal consultou sua lista antes de me conduzir para dentro do trem, onde encontrei meu assento. Não pretendia que a minha experiência fosse tão dura quanto da primeira vez, por isso tinha reservado um lugar em um "vagão da primeira classe" — o qual, devo admitir, eu esperava que fosse como os do Expresso do Oriente, de Agatha Christie, mas ficava um pouco aquém. Não havia vagões de luxo nem garçons de uniforme branco engomado e com botões dourados oferecendo gim-tônica em bandejas de prata. A configuração era muito semelhante à do vagão de classe econômica no qual eu havia embarcado quando criança: conjuntos de assentos individuais de frente uns para os outros nas janelas e, do outro lado do corredor, uma espécie de compartimento aberto preenchido de bancos, também de frente uns para os outros, que podiam ser usados para dormir. Os bancos nessa classe eram melhores, obviamente, mas mesmo assim o couro castanho surrado era bastante duro. Felizmente, eu não precisaria permanecer sentado por toda a viagem, pois meu bilhete também dava direito a um dos bancos de dormir do outro lado do corredor e, pelo menos por enquanto, a área era toda minha.

Outro mistério é a minha recordação de que naquela viagem fatídica meu vagão permaneceu vazio desde a primeira vez em que acordei até a chegada em Kolkata. Nunca se ouviu falar de um vagão de trem vazio na Índia, e ainda assim tenho certeza de que aquele estava vazio — eu certamente teria pedido ajuda a quem quer que aparecesse, até mesmo a um fiscal. Talvez houvesse pessoas viajando nos vagões contíguos, é claro, e eu não soubesse — não vi nem ouvi mais ninguém. Permaneci sentado no meu vagão vazio esperando que alguém abrisse uma porta. Será que o vagão estava trancado e sendo transportado até uma oficina para ser consertado? Teria eu, de algum modo, ido parar dentro de um trem de serviço, sem passageiros, nem mesmo em funcionamento comercial? Nesse caso, por que teria percorrido toda a distância até Kolkata?

Quando o trem começou a se afastar lentamente da plataforma, estremeci, relembrando como esse momento tinha dado início ao processo que havia me levado a ficar completamente perdido. Mas agora estava ali para me reconciliar de alguma maneira com tudo aquilo, confrontando o medo que havia sentido, as circunstâncias daquele momento, e trilhando o percurso novamente na condição de adulto, como uma pessoa dotada de maior entendimento e desenvoltura. Também estava voltando a Kolkata para ver de novo os lugares onde eu tinha sobrevivido nas ruas e para visitar a Sra. Sood e os outros funcionários do Nava Jeevan, o lugar onde meu destino tinha mudado drasticamente. À medida que o trem aumentava de velocidade e deixava a plataforma de Burhanpur para trás, eu passeava os olhos pelo vagão e tentava imaginar em que jornadas pessoais meus companheiros de viagem estavam embarcando.

Quando eu era criança, viajar de avião na Índia era apenas para as pessoas mais importantes: políticos, magnatas e suas famílias ou estrelas de Bollywood. As ferrovias eram as veias do país, por onde circulavam mercadorias, pessoas e dinheiro. Os trens traziam vislumbres da vida das cidades mais ricas para nossa cidadezinha provinciana situada no coração da Índia rural. Não é de espantar que passássemos tanto tempo perambulando por estações ferroviárias, observando as pessoas irem e virem, tentando ganhar dinheiro vendendo coisas aos passageiros — como Guddu havia feito com os kits de escova e pasta de dentes que o puseram na cadeia — ou mendigando qualquer coisa que pudessem nos dar. As ferrovias eram nossa única ligação com o restante do país, e para muitas pessoas provavelmente ainda é.

Os trens, porém, não são exatamente velozes. Quando eu e Swarnima reservamos a passagem para o Kolkata Mail, descobri que a média de velocidade é de cinquenta a sessenta quilômetros por hora. Meus colegas de faculdade indianos superestimaram um pouco a velocidade da maioria das locomotivas, o que veio a calhar, pois com isso estabeleci uma área de busca maior do que teria sido baseado na minha memória incorreta de que tinha viajado por aproximadamente metade de um dia. Se eles soubessem o quanto os trens são lentos, talvez eu tivesse levado mais tempo para resolver procurar para além da zona estabelecida de início. Eu me recostei no assento, com quase trinta horas de viagem pela frente.

De início, a maioria dos meus companheiros de viagem permaneceram nos beliches de suas cabines pondo o sono em dia. Porém algum tempo depois já se podia ouvir as pessoas se movimentando e murmurando pelo vagão, até que as cortinas começaram a se abrir revelando famílias de viajantes que acordavam e observavam o dia.

Tínhamos viajado pouco mais de uma hora quando passei por uma experiência que mexeu comigo. Se essa era a rota nordeste que eu havia tomado quando criança, devia ter passado pela minha cidade, Khandwa. Eu sabia que estávamos indo para lá, obviamente, mas entrar na cidade quando ela acordava para as atividades do dia me fez imaginar se não teria passado isso antes como um menino de 5 anos dormindo. Se tivesse acordado nesse momento, eu poderia ter tido a oportunidade de sair do trem e simplesmente ir para casa, presumindo que Guddu havia encontrado uns amigos quaisquer e tinha ido fazer algo que precisava fazer. Poderia ter deitado na minha própria cama, desapontado por não ter conseguido ficar mais tempo com ele fora de casa. E então nenhum dos eventos que se seguiram — minhas experiências nas ruas de Kolkata, meu resgate e minha adoção — teria ocorrido. Eu não seria um australiano e você não estaria lendo minha história. Em vez disso, posso ter dormido durante a parada de dois minutos em Khandwa, não muito longe de onde minha mãe e minha irmã provavelmente também estavam dormindo, e fui levado para longe do que teria sido uma vida muito diferente.

Enquanto esses pensamentos e outros semelhantes atravessavam minha mente, o dia começava e o barulho dentro do trem ficava mais alto. Cada voz tinha de aumentar de volume se quisesse vencer o barulho do trem nos trilhos. Todo mundo parecia ter um celular, todos com toques de músicas populares de filmes indianos, e a conversa era constante. Ao fundo, ouvia-se o que parecia ser uma coletânea em CD de vários estilos de música indiana contemporânea, inclusive jazz e alguma coisa semelhante a um *yodel* indiano. *Wallahs* deram início a suas idas e vindas pelo vagão. Vendiam comida e bebida entoando uma espécie de canto: "*Chai, chai, ca-fé, ca-fé, ome-lete, ome-lete.*"

Fui caminhar um pouco para esticar as pernas e encontrei o vagão-restaurante, onde cozinheiros sem camisa fritavam enormes quantidades de grão-de-bico e lentilha no óleo borbulhante e ferviam montanhas de batatas fatiadas em tonéis gigantescos. Os tonéis e as panelas jaziam sobre tijolos e eram aquecidos por enormes jatos de gás, e os cozinheiros mexiam o conteúdo usando longas espátulas de madeira — era espantoso vê-los fazer tudo isso dentro de um trem que avançava aos solavancos.

Não havia nenhum vagão no Kolkata Mail parecido com aquele onde eu havia ficado preso, com janelas gradeadas e fileiras de bancos duros de madeira. Além disso, não era possível caminhar de um vagão para o outro naquele trem — os vagões só se abriam para a plataforma, e não tinham portas que os ligassem entre si. Parecia cada vez mais provável que na minha primeira viagem eu estivesse em algum tipo de vagão não comercial — o alvoroço e o barulho dos trens indianos são regra geral, portanto eram nulas as chances de que um vagão estivesse vazio se não fosse por estar fora de serviço.

À medida que rumávamos a nordeste, a paisagem que cruzávamos era como eu lembrava: plana, poeirenta e aparentemente infinita, embora dessa vez eu estivesse calmo o bastante para ver um pouco da textura e dos detalhes da região — vastos campos de algodão e trigo, plantações irrigadas e pimenteiras tão carregadas que pareciam vermelhas de longe, assim como os animais de sempre: vacas, cabras, asnos, cavalos, porcos e cães. Colheitadeiras e carros de boi trabalhavam lado a lado, e lavradores ceifavam o campo, formando montes de feno. Havia vilarejos de casas de tijolo e estuque pintadas em tons pastel como rosa-bebê, verde-limão e azul-celeste, com telhados antigos de telhas de terracota que pareciam prestes a desabar. Também passamos por estações ferroviárias minúsculas, pintadas com as cores vermelho-tijolo, amarelo e branco da Indian Railways. Devo ter visto algumas dessas estações enquanto me deslocava desesperado naquele trem, implorando a ele que parasse em alguma delas. Fiquei pensando se alguém, nesses campos, não teria erguido os olhos quando o trem passava e visto um rostinho à janela olhando para fora assustado.

Pensei sobre Kolkata e percebi que estava mais empolgado que angustiado. Ainda que algumas partes da cidade pudessem suscitar muitas recordações, também seria como visitar um lugar pela primeira vez. Eu me perdi em Calcutá, mas estava retornando a Kolkata. Tanto eu quanto a cidade tínhamos mudado, e estava ansioso para ver essa mudança.

A noite havia começado a cair enquanto pensava nisso, e, quando terminei de recolher o assento e de retirar o cobertor da Indian Railways do embrulho de papel, já estava escuro. Deitei no meu beliche e percebi que de cima dele ainda conseguia olhar pela janela, e podia ver os templos iluminados e as luzes das bicicletas e das casas à medida que o trem avançava.

Com os balanços e sacolejos do trem, fui tomado de uma inesperada sensação de bem-estar. Eu me senti à vontade deitado ali, chacoalhando no meu beliche e ouvindo as pessoas conversarem em línguas que soavam familiares, mas que eu não compreendia. Durante o dia, tinha conversado com um garotinho curioso do compartimento ao lado. Ele tinha uns 10 anos e queria testar o inglês que havia aprendido na escola, dizendo coisas como "Qual é o seu nome?" e "De onde você é?". Ele parecia capaz de perceber que eu não era da Índia, apesar da minha aparência — talvez por causa das minhas roupas ou porque eu não participava de nenhuma conversa em hindi ou bengali. Quando contei a ele que eu era da Austrália, ele mencionou Shane Warne. Depois de falar um pouco de críquete, o menino me perguntou: "Você é casado?" Quando respondi que não, ele disse que sentia muito por mim. "E quem é a sua família?", perguntou em seguida, e hesitei. "Minha família mora na Tasmânia, mas eu também tenho uma família aqui, em Khandwa, em Madhya Pradesh", respondi por fim. Isso pareceu deixá-lo satisfeito, e então percebi que começava a me satisfazer também.

Ao fim da manhã do dia seguinte, começamos a nos aproximar de Kolkata. De dentro do trem, eu estava numa posição privilegiada que me permitia ver como os trilhos que percorríamos se juntavam a muitos outros, compondo um numeroso conjunto de linhas paralelas que seguiam rumo à estação de Howrah. Talvez eu tenha viajado por essas linhas quando era menino, mas como saber? Talvez não tenha conseguido pegar nenhuma que viesse para essa extremidade ocidental da cidade. Eram tantas linhas que parecia mentira. Elas podiam levar uma pessoa a qualquer direção imaginável. O que eu estava testemunhando era a prova de que jamais havia tido a menor chance de encontrar o caminho de volta.

O trem parecia acelerar agora, cruzando passagens em nível onde caminhões, carros e tuk-tuks aguardavam, todos buzinando. Não demorou muito para mergulharmos numa das maiores cidades do mundo, com algo em torno de quinze a vinte milhões de habitantes. Era meio-dia e vinte, exatamente trinta horas depois da partida de Burhanpur, quando o trem se aproximou do edifício de tijolos vermelhos da enorme Estação Ferroviária de Howrah, e tive vislumbres de familiaridade à medida que encostávamos na plataforma até pararmos por completo. Eu tinha voltado.

Quando desembarquei do trem, tirei um ou dois minutos para simplesmente permanecer de pé no meio da atribulada multidão e deixar que ela passasse por mim apressada, assim como havia feito no passado. Dessa vez, as pessoas me contornavam, como fariam com qualquer adulto que obstruísse a passagem delas, enquanto da última vez em que tinha ficado ali parado, implorando por ajuda, não creio que sequer me enxergassem. Por um lado, acreditava que, entre todas aquelas pessoas, não havia nenhuma disposta a parar e me ajudar. Por outro lado, perguntava-me se seria possível reagir de qualquer outra maneira — em uma multidão dessas, todo mundo é anônimo, invisível. Por que um menino transtornado despertaria qualquer interesse em meio a toda a atividade do lugar? E, se alguém parasse, quanta paciência teria para ouvir balbucios em hindi a respeito de um lugar de que nunca tinha ouvido falar?

O edifício da estação propriamente dito era assustadoramente familiar. Eu havia mendigado ali, tinha dormido ali dentro e nas imediações e havia passado todas aquelas semanas fazendo viagens de trem inúteis na tentativa de sair da estação. Ela havia sido minha casa durante uma época traumática da minha vida. Mas agora era apenas uma estação ferroviária, ainda que enorme e mais movimentada que qualquer outra que eu já tinha visto na vida. Não havia muito por que perambular por ali, agora que não precisava.

Não notei nenhum menino de rua lá dentro — talvez fossem removidos mais rapidamente hoje em dia —, mas vi uns dois ou três pequenos grupos quando saí do prédio em direção ao sol escaldante. Eles têm aquela aparência inconfundível: são sujos por morarem nas ruas e, de algum modo, ao mesmo tempo preguiçoso e atentos às oportunidades; como, por exemplo, à passagem de alguém a quem possam pedir esmola ou roubar, talvez. Será que algum dia eu acabaria encontrando uma gangue? Ou será que era cauteloso ou ingênuo demais para isso? É difícil imaginar que pudesse ter sobrevivido nas ruas por conta própria durante muito mais tempo do que sobrevivi. Eu teria me tornado um desses garotos ou então morreria.

Consegui um táxi. Em pouco tempo, já estava a caminho do hotel onde meu agente de viagens havia reservado um quarto para mim e que se revelou bastante luxuoso, com comida indiana e ocidental, bares, academia e uma piscina de borda infinita. Fui nadar um pouco. Na área da piscina, podia-se relaxar nas cadeiras reclináveis sobre o deque ou nadar até a borda infinita e contemplar a cidade de Kolkata, muitos andares abaixo e se estendendo até onde a vista alcançava, com sua neblina de fumaça, seu trânsito caótico e sua pobreza extrema.

Uma das principais razões da minha vinda a Kolkata era para me encontrar com uma pessoa que havia desempenhado um papel crucial na minha vida. Quando descobri que a Sra. Saroj Sood não apenas ainda estava viva como também continuava trabalhando para a ISSA, eu havia me preparado para lhe fazer uma visita em seu escritório. Encontrei-me com meu intérprete de bengali e peguei um táxi em meio ao trânsito louco, à poeira e ao fedor de esgoto sem tratamento.

A sede da ISSA funcionava num prédio vitoriano caindo aos pedaços na rua Park, uma área com muitos restaurantes e bares e o salão de chá Flurys, muito visitado por seus famosos sanduíches de pepino e bolo. Em meio a toda essa badalação e refinamento, está um centro de salvação.

Passamos por uma recepção, onde os funcionários, sentados a suas mesas, trabalhavam com enormes pilhas de papéis. Então a vi, analisando a tela de um computador e cercada de fichas de arquivo de aparência oficial num minúsculo escritório, um velho ar-condicionado perigosamente afixado à parede logo acima dela — a Sr. Sood. O lugar tinha exatamente a mesma aparência de vinte e cinco anos atrás.

Os olhos da Sra. Sood se arregalaram quando entrei e me apresentei. Trocamos um aperto de mão e nos abraçamos. Ela agora estava na casa dos 80 anos, mas disse que se lembrava bem de mim quando eu era criança, apesar da enorme quantidade de crianças que passou por seus cuidados desde então. "Eu me lembro do seu sorriso de criança travessa. Seu rosto não mudou nada", disse ela num inglês excelente e sorrindo de orelha a orelha. A última vez que tínhamos nos visto foi em Hobart, alguns anos depois da minha adoção, quando ela havia ido à cidade acompanhando outra criança adotada.

Ela me perguntou sobre ambas as minhas mães e depois pediu a uma assistente social com quem trabalhava, Soumeta Medhora, que procurasse minha ficha de adoção. Enquanto as duas conversavam sobre onde o documento poderia estar, fiquei observando os murais nas paredes, cobertos de fotos de crianças sorridentes.

A Sra. Sood trabalhava nesse mesmo escritório ajudando crianças havia trinta e sete anos. Durante esse tempo, havia arranjado pais adotivos para cerca de duas mil crianças indianas, alguns na Índia e outros no exterior. Ela também tinha uma filha, uma mulher de negócios muito bem-sucedida que costumava dizer que havia "doado a mãe" ao trabalho de adoção.

Natural de Deli, a Sra. Sood se formou em direito e acabou se interessando por adoção. Arranjou sua primeira adoção na Índia em 1963 e, três anos depois, obteve êxito ao assessorar uma estudante sueca então em intercâmbio, Madeleine Kats, no processo de adoção de uma menina indiana na Suécia. Kats se tornou jornalista, e, quando escreveu sobre sua experiência, mencionando a Sra. Sood, mais pessoas de outros países começaram a lhe pedir ajuda. Foi assim que tudo começou.

A Sra. Sood se mudou para Calcutá, onde recebeu treinamento das Missionárias da Caridade, a ordem fundada pela madre Teresa. Chegou a receber a bênção da madre Teresa pessoalmente. Depois, ganhou alguns outros patronos influentes — como a presidente da All India Women's Conference e renomada defensora da independência e da liberdade, Ashoka Gupta — e, com o apoio deles, obteve o registro institucional da ISSA em 1975. Sete anos mais tarde, a organização fundou o orfanato por onde passei, o Nava Jeevan, que significa "vida nova".

A Sra. Sood me disse que minha adoção havia corrido sem maiores percalços, sobretudo se comparada ao que é um processo normal de adoção internacional hoje. Explicou que as adoções internacionais agora eram coordenadas por um órgão central e não mais diretamente por agências como a ISSA, no entanto as medidas projetadas para "dinamizar" os procedimentos tinham, em vez disso, tornado o processo cada vez mais complicado e extenso. Atualmente, é comum levar um ano, às vezes até cinco, para que a papelada, as providências e os procedimentos sejam finalizados. Eu podia sentir a frustração da Sra. Sood, e sabia que mamãe tinha sentido o mesmo — ela havia se tornado uma fervorosa defensora da simplificação dos procedimentos para a adoção internacional, depois de ter de enfrentar todos os atrasos da adoção de Mantosh e de ver como o tempo adicional que ele tinha passado em circunstâncias adversas o havia afetado.

Em 1987, depois de receberem a aprovação para serem pais adotivos, mamãe e papai procuraram um funcionário da ISSA que acompanhava crianças à Austrália e ele lhes mostrou minha ficha. Imediatamente, eles decidiram que me adotariam. Duas semanas mais tarde, a Sra. Sood os visitou pessoalmente durante uma viagem em que acompanhava meus colegas de orfanato Abdul e Musa e voltou com o álbum de fotos que meus novos pais prepararam para mim.

Perguntei à Sra. Sood se era raro famílias estrangeiras que já haviam adotado uma criança indiana adotarem outra, ainda mais quando as duas não tinham parentesco nenhum. Ela disse que era bastante comum — a primeira criança se sentia sozinha ou isolada culturalmente, ou então os pais simplesmente gostavam tanto da experiência que queriam repeti-la.

O chá foi servido e, enquanto o tomávamos, a Sra. Medhora voltou com minha ficha, e pude ver os documentos originais da minha adoção. As folhas pareciam um pouco apagadas e muito frágeis, quase como se pudessem se desfazer ao toque. Dentro da ficha, foi anexada uma fotografia minha na Austrália, enviada pelos meus pais. Eu dava um sorriso rasgado e segurava um taco de golfe, de pé em frente a um carrinho de golfe antiquado. Havia também uma xerox do meu passaporte, no qual havia uma foto minha com 6 anos olhando fixamente para a câmera. Em todos os documentos oficiais e no passaporte meu nome aparecia como "Saru", que é como tinha sido registrado desde o dia em que cheguei à delegacia. Foram mamãe e papai que decidiram que "Saroo" era uma grafia mais anglicizada, que em inglês soaria mais como era dito.

A ficha revelava que eu havia despertado a atenção das autoridades em Calcutá depois que fui deixado sob custódia da polícia na Delegacia de Ultadanga em 21 de abril de 1987. Fui submetido a uma perícia e levado para Liluah, a casa de menores, onde fui classificado como criança carente. Havia outras duas categorias de crianças internadas em Liluah — aquelas cujos pais se encontravam sob a tutela da justiça e aquelas que cometeram delitos — e todas elas ficavam juntas lá dentro.

Diante disso, a imagem do que havia acontecido comigo ficou mais clara na minha cabeça. Eu tinha ficado em Liluah por um mês e, depois, havia sido entregue aos cuidados da ISSA por decisão de uma audiência no Tribunal de Menores no dia 22 de maio. A Sra. Sood visitava Liluah constantemente para perguntar sobre crianças carentes recém-chegadas e, quando cabível, entrava com uma requisição na justiça para que ficassem sob a tutela da ISSA temporariamente. A instituição recebia um prazo de dois meses para encontrar a família da criança ou registrá-la como órfã e "livre" para ser adotada por uma nova família. Se fracassasse em ambos os casos, a criança tinha de ser devolvida e continuaria em Liluah, embora a ISSA pudesse continuar se dedicando ao caso. Esse foi o destino de Mantosh, já que levou dois anos até que a ISSA conseguisse contornar as dificuldades impostas pela família dele e o liberasse para adoção.

No meu caso, o pessoal da ISSA me fotografou — a primeira foto que tirei na vida — e ela foi publicada no dia 11 de junho em um jornal bengali diário junto com uma notificação de que eu era uma criança perdida. Em 19 de junho, a foto foi veiculada no *Oriya Daily*, um jornal de grande circulação publicado no estado de Orissa (hoje conhecido como Odisha), porque o pessoal da ISSA pensava que eu podia ter embarcado no trem na cidade costeira de Brahmapur. Obviamente, não houve resposta — o lugar se situava a quilômetros de distância de onde eu morava. Diante disso, fui oficialmente declarado uma "criança abandonada" e formalmente "liberado" para adoção, após meu consentimento, em 26 de junho.

Meu processo de adoção pelos Brierleys foi apreciado no dia 24 de agosto e aprovado — portanto, permaneci no Nava Jeevan por dois meses. Recebi meu passaporte no dia 14 de setembro, parti da Índia em 24 de setembro e cheguei a Melbourne no dia seguinte, 25 de setembro de 1987. Do momento em que eu tinha sido levado à delegacia por aquele garoto do carrinho de mão até o instante em que desembarquei do avião em Melbourne, o processo inteiro havia levado pouco mais de cinco meses. Segundo a Sra. Sood, se eu fosse adotado hoje, o processo levaria anos.

A Sra. Medhora me corrigiu quanto ao que, na minha cabeça, havia sido o motivo de eu ter sido escolhido para adoção. Eu pensava que era por estar com saúde. O verdadeiro motivo era eu ter sido dado como perdido, pois a intenção da ISSA, inicialmente, tinha sido me devolver à minha família. Crianças com todo tipo de deficiência eram liberadas de Liluah, caso fosse considerado que havia alguma possibilidade de encontrar sua família. Pouco depois de a minha adoção ser aprovada, a ISSA tinha conseguido, por meio de anúncios em jornais, devolver à família duas outras crianças perdidas que passaram por Liluah. No meu caso, porém, simplesmente não havia informações suficientes para que eles iniciassem qualquer busca minimamente proveitosa.

Na verdade, o pessoal da ISSA sequer sabia que eu havia passado algumas semanas nas ruas de Kolkata. Confuso e, sem dúvida, um pouco assustado com o que estava acontecendo comigo, me limitei apenas a responder às perguntas que me faziam. E, mesmo que tivessem me feito uma pergunta direta sobre o assunto, provavelmente não teria sido capaz de lhes dizer muita coisa — eu era pobre e sem instrução, e meu vocabulário era limitado demais para que conseguisse me comunicar. Só anos depois a ISSA soube que eu tinha morado na rua, quando mamãe lhes disse depois de ouvir meu relato. Segundo a Sra. Sood, todos ficaram perplexos. A maioria não conseguia imaginar um menino de 5 anos de uma cidade do interior sobrevivendo nas ruas de Kolkata sozinho nem por poucos dias, muito menos por várias semanas. Eu havia tido muita, muita sorte.

Depois que a Sra. Sood e eu nos despedimos calorosamente e eu lhe agradeci de novo por tudo o que havia feito por mim, um motorista conduziu a Sra. Medhora, minha intérprete e a mim por ruas ainda mais congestionadas, para além de uma nova linha de metrô ainda em construção, até chegarmos a uma tranquila rua de prédios residenciais num bairro afastado do norte da cidade, procurando o Nava Jeevan. Na verdade, o orfanato não funcionava mais lá e o prédio agora era usado como creche gratuita para filhos de mães carentes que trabalhavam fora.

A princípio, achei que tínhamos vindo ao lugar errado. A Sra. Medhora confirmou que o lugar era aquele mesmo, mas eu estava tão certo das minhas memórias que achei que ela havia ficado confusa com todas as mudanças pelas quais o orfanato tinha passado ao longo dos anos. Por fim, constatei que não havia reconhecido o segundo andar do prédio porque nunca havia estado nele — as crianças pequenas ficavam no andar de baixo e os recém-nascidos, no de cima.

Quando desci ao primeiro andar, reconheci o Nava Jeevan de que me lembrava. Havia ali mais ou menos doze crianças tirando uma soneca estendidas sobre colchões no chão. Essas crianças, entretanto, eram buscadas pelas mães e levadas para casa no final do dia.

Restavam mais dois lugares para visitar. Primeiro, fomos ao Tribunal de Menores onde eu havia sido declarado órfão, situado em uma cidade-satélite que levava o curioso nome de Salt Lake City e ficava a cerca de meia hora de carro do centro de Kolkata. Era um prédio sujo e sem graça; não fiquei muito tempo lá — em nenhuma das duas visitas. Depois, no entanto, fomos ao Lar Liluah. Como minhas experiências naquele lugar não foram nada felizes, a visita prometia ser desafiadora, e acho que era por isso mesmo que eu havia deixado para visitá-lo por último. Não estava exatamente ansioso por rever o local, embora soubesse que aquela visita à Kolkata da minha infância não estaria completa se não o fizesse.

Outra vez, a ISSA fez a gentileza de fornecer um carro e um motorista, então cruzamos a famosa ponte de Howrah e deixamos para trás a estação de Howrah, avançando com dificuldade por vielas estreitas até chegarmos ao imponente prédio — quase uma fortaleza. Enquanto o carro encostava do lado de fora, pude ver de novo os enormes portões enferrujados que eu jamais havia esquecido, com aquela pequena entrada lateral no portão maior, exatamente como numa prisão. O portão parecia imenso nas minhas recordações de infância e ainda era imponente. O muro alto de tijolos era encimado com cravos de metal e cacos de vidro.

Agora, segundo informava o letreiro azul sobre a entrada, o lugar havia se tornado um Lar de Meninas e Mulheres. Garotos eram levados a outro lugar. Embora o visual fosse o mesmo e ainda houvesse guardas do lado de fora, de algum modo o ar era um pouco menos desumano — talvez fosse simplesmente porque, dessa vez, eu estava ali como visitante.

A Sra. Medhora tinha arranjado nossa entrada, portanto entramos direto por uma pequena porta. Do lado de dentro, passamos por um grande açude que quase não lembrava mais. Os edifícios pareciam menores e muito menos ameaçadores que no passado. Mas algo na atmosfera do lugar ainda passava a sensação de que o melhor era sair dali o quanto antes.

Fizemos um tour e pude ver corredores repletos de beliches iguais àqueles onde eu tinha dormido sonhando com a liberdade. Jamais poderia imaginar que, depois que saísse desse lugar, um dia voltaria por livre e espontânea vontade. E, no entanto, ali estava eu examinando o lugar, um turista dos meus antigos terrores. Entretanto, mais que todas as outras, a visita a Liluah, enfim, calou um pouco a dor do passado. Afinal, que alternativa tinham as autoridades ao lidar com crianças perdidas e abandonadas? Elas as colocavam em um lugar que se esforçavam para manter seguro e lhes davam comida e abrigo enquanto tentavam encontrar um lugar para elas. Claro que esses lares não eram pensados com o propósito de tornar a vida das crianças miserável ou de se aproveitar delas. Mas, quando se juntam tantas crianças num só lugar — algumas muito mais velhas que outras, e algumas até violentas —, o bullying se torna inevitável e os abusos, possíveis ou até mesmo prováveis.

E, quando não se têm os recursos necessários para garantir a segurança, então as melhores intenções se veem desvirtuadas. Pensei em como pessoas de fora conseguiam penetrar naquilo que parecia uma fortaleza, e me perguntei como isso poderia acontecer sem que alguém fizesse vista grossa. Sem dúvida, era preciso haver um controle mais rigoroso no local para evitar esse tipo de desgraça. Eu me senti mais que grato por ter sobrevivido à minha estada ali e por ter saído relativamente ileso.

* * *

Só havia mais uma última visita a fazer — não a um edifício em particular, mas a uma área. No meu último dia em Kolkata, voltei às ruas próximas à estação de Howrah e ao conjunto de cafés e lojas baratas que até hoje permanecem firmes e fortes no alto da margem do rio Hooghly. Ainda era um lugar para os mais humildes, os trabalhadores pobres e os sem-teto. O esgoto permanecia a céu aberto, e um monte de gente vivia em barracos improvisados e tendas nas proximidades. Caminhei entre as tendas comerciais relembrando como costumava sentir o cheiro de frutas e frituras de dar água na boca, e me admirei por ser capaz de detectá-lo em meio ao fedor de fezes humanas, que se misturava ao de diesel e gasolina e da fumaça das fogueiras que preparavam comida.

Caminhei mais um pouco para dar uma olhada na margem do rio, porém a área entre as lojas e a água, ao que parece, tinha sido loteada por construtoras. Enquanto tentava descobrir uma maneira de passar, vários cães sarnentos saíram de um pequeno beco e começaram a cheirar minhas pernas, então decidi que não desejava pôr à prova minha vacina antirrábica. Em vez disso, segui pelo passeio que levava para longe da fileira de tendas comerciais até a impressionante estrutura de aço da ponte de Howrah, e logo já havia me juntado à torrente de pessoas no início da passagem de pedestres, que liga a cidade de Howrah ao centro de Kolkata. Quando atravessei aquela ponte pela primeira vez, fugia da minha terrível experiência com os funcionários que moravam no barraco à beira da ferrovia. Agora, eu sabia que a construção era um importante marco da cidade de Kolkata, provavelmente o mais famoso. Foi um dos últimos grandes projetos britânicos antes da independência da Índia, em 1947.

A massa de gente que atravessava a ponte e a enxurrada de veículos de todo tipo eram incríveis. As pessoas me empurravam e me atropelavam. Carregadores iam para a estação e dela voltavam como formigas entrando e saindo de um formigueiro, com cargas absurdamente volumosas perfeitamente equilibradas na cabeça. Os mendigos se alinhavam no parapeito, erguendo suas tigelas de aço e seus membros mutilados, e acrescentavam sua cantilena à algazarra da ponte. O excesso de pessoas e a intensidade de atividades quase faziam da ponte um centro comercial. Mas a massa também fez com que eu começasse a me sentir insignificante, como se não existisse. Quão pequeno devo ter me sentido quando a cruzei na infância?

O barulho do trânsito era tremendamente alto, e nuvens de fumaça azul se erguiam do chão, ocultando a cena por um momento. Eu tinha lido que conviver com a poluição, até mesmo a de Sydney ou Melbourne, pode reduzir a expectativa de vida. Diante disso, tentava imaginar o quanto a expectativa de vida de alguém se reduziria só por viver ali, respirando tanta poluição entra dia, sai dia.

Mais ou menos a um terço do caminho até o outro lado da ponte, parei no parapeito e olhei para trás na direção da margem do rio, para um lugar abaixo da estação e das tendas de comida: a área onde eu, de algum modo, havia sobrevivido quando menino. Agora havia uma balsa no lugar por onde me lembro de ter caminhado, e embaixo da ponte a margem havia sido revestida de concreto. Não dava para ver se os *sadhus* ainda podiam dormir ali. Eu não tinha visto muitos *sadhus* durante minhas visitas recentes à Índia, mas não sabia se o estilo de vida deles estava em declínio ou se era apenas coincidência. Eu os tinha visto como meus guardiões quando havia dormido perto deles ou de seus relicários.

Baixei os olhos para os degraus de pedra — os *ghats* — que conduziam até as águas poderosas do rio Hooghly, para o lugar onde quase tinha me afogado duas vezes, e pensei no homem que havia me tirado da água em ambas as ocasiões. Era bem provável que ele já estivesse morto agora. Mas, como o adolescente que me levou à delegacia de polícia, aquele homem tinha me dado outra chance na vida. Ele não havia lucrado com o ato de modo nenhum — a menos que acreditasse em carma —, e jamais pude lhe agradecer. Estava envergonhado e assustado demais quando ele havia me tirado da água pela segunda vez. Assim, ali de pé encostado no parapeito, olhando para o passado, agradeci àquele homem e depois lhe agradeci de novo, enquanto o sol começava a se pôr e meu último dia em Kolkata chegava ao fim sob uma névoa fumacenta rosa-acinzentada.

Era hora de voltar para casa.

EPÍLOGO

É inacreditável, mas, apesar de terem adotado dois meninos indianos, mamãe e papai nunca estiveram na Índia. Agora, porém, enquanto escrevo, eles planejam a primeira visita ao país. Mamãe fará uma breve viagem até lá para ser filmada se encontrando pela primeira vez com Kamla, minha mãe biológica.

Minhas duas famílias talvez se tornem mais íntimas no futuro — tento imaginar qual das duas achará mais estranho o mundo da outra. Às vezes também me pergunto se aproximar pessoas de culturas diferentes não era, em parte, o que meus pais esperavam quando tomaram a decisão de adotar.

Ambas as famílias com certeza tiveram a vida transformada pela minha reaparição em Khandwa, embora ainda estejamos por ver de que forma tudo isso nos afetará. Não quero de maneira alguma causar mudanças drásticas na vida de Kamla além de finalmente ter lhe dado a paz de espírito de saber que seu filho mais novo está são e salvo e passa bem e de tornar sua vida mais confortável, tanto quanto possível. O primeiro passo é livrá-la do fardo do aluguel. Não vejo a hora de vê-la acomodada em um lar que possa chamar de seu.

Já o que desejo para mim mesmo é menos claro. Mesmo quando empregava todos os esforços tentando localizar minha cidade e minha família, nunca tive a intenção de voltar, de algum modo, à vida que havia perdido. Não se tratava de uma necessidade de consertar algo que tinha dado errado ou de retornar ao lugar ao qual supostamente pertencia. Não sou indiano. Vivi quase toda a minha vida na Austrália e tenho laços familiares aqui que não podem ser questionados ou rompidos. Eu queria saber de onde vim — para poder olhar para um mapa e apontar nele o lugar onde nasci — e esclarecer algumas das circunstâncias do meu passado. Acima de tudo, embora tentasse conter minhas expectativas como forma de me proteger da frustração, esperava encontrar minha família indiana para que ela soubesse o que tinha acontecido comigo. Meus laços com ela jamais serão rompidos e me sinto profundamente grato por agora ter a oportunidade de renovar nosso elo.

Mas não estou em conflito a respeito de quem eu sou ou de que lugar devo chamar de casa. Agora tenho duas famílias, não duas identidades. Eu sou Saroo Brierley.

No entanto, visitar a Índia e ver a vida dos meus parentes próximos e da minha mãe foi uma experiência enriquecedora, tanto cultural quanto pessoalmente. Vejo meu irmão e minha irmã, particularmente, e admiro o foco tradicional que têm na família e nas relações pessoais. É difícil expressar isso em palavras, mas sinto que talvez nós, ocidentais, tenhamos perdido algo com nosso isolamento e individualismo. Não sou uma pessoa religiosa e não consigo imaginar que isso vá mudar, mas estou ansioso por aprender mais sobre os costumes e as crenças da minha família indiana e ver se podem servir de orientação para mim de algum modo.

Também estou encantado por ter conhecido minha sobrinha e meus sobrinhos, e quero muito fazer parte da vida deles e lhes proporcionar qualquer oportunidade que eu possa proporcionar.

Se eu não tivesse me perdido — se não tivesse saído naquela noite com Guddu ou se, de alguma maneira, encontrasse o caminho de volta logo depois —, minha vida teria sido imensamente diferente, é claro. Muito sofrimento teria sido evitado. Minha família não teria enfrentado o desgosto de ter um filho perdido, como se não bastasse a morte trágica de outro, e eu não teria conhecido a dor da separação nem sentido o medo arrepiante que me tomou naquele trem e nas ruas de Kolkata. Mas minhas experiências, sem dúvida, ajudaram a moldar meu caráter, munindo-me de uma fé inabalável na importância da família — não importa como ela seja — e na bondade das pessoas, bem como na importância de aproveitar as oportunidades quando elas se apresentam. Não desejaria apagar nada disso. É verdade, também, que minha família indiana recebeu oportunidades que não teria recebido caso nada disso tivesse acontecido. Sinto nesses eventos uma forte presença do destino, usando-me como peça-chave para interligar minhas duas famílias.

Tenho certeza de que mamãe e papai não desejariam que sua vida tivesse sido diferente, sem mim e Mantosh. Não há palavras que possam expressar a gratidão que sinto pelo amor — e pela vida — que me deram, e admiro incondicionalmente seu compromisso de ajudar outras pessoas menos favorecidas. Tenho plena confiança de que reencontrar meu lar na Índia tornará minha família australiana ainda mais unida em vez de fazer com que as pessoas questionem nossos laços.

Quando contei a Mantosh que havia encontrado minha família, ele naturalmente ficou muito feliz por mim. Algumas informações sobre sua família, tão tristemente dividida, chegaram a nós através da ISSA, e Mantosh encontrou inspiração no meu sucesso em me reunir à minha família indiana. Apesar das memórias dolorosas que tem da infância e dos conflitos pelos quais passou enquanto crescia, ele viu renovado seu interesse em buscar restabelecer relações com sua mãe indiana. Não sabemos ao certo se isso vai ser possível, mas tudo o que eu mais queria neste mundo era ver meu irmão alcançar um pouco da paz de espírito que me foi presenteada.

Também fiquei muito feliz de poder celebrar minha boa sorte com Asra, minha amiga desde os tempos do Nava Jeevan, de onde partimos juntos naquela viagem para a Austrália que abriu nossos horizontes. Nos primeiros anos, com a amizade que se estabeleceu entre nossas famílias, mantínhamos contato por telefone com bastante frequência, e ocasionalmente visitávamos um ao outro. Embora tenhamos perdido um pouco o contato conforme fomos ficando mais velhos, como acontece com muita gente, de vez em quando colocamos a conversa em dia, falando de um novo emprego, de um novo relacionamento e da vida em geral. Existem alguns aspectos das minhas experiências de que só Asra e eu partilhamos, e me considero uma pessoa de sorte por ter uma amiga assim.

Quando olho para trás e penso no processo que me levou à descoberta da cidade de Khandwa — sobretudo nas buscas exaustivas no Google Earth —, percebo que minha abordagem poderia ter sido diferente e que talvez eu pudesse ter encontrado mais rápido o que estava procurando. Poderia ter investigado melhor os vários vilarejos e cidades de nome semelhante a "Burhanpur" que constassem nos mapas e levado em consideração locais mais distantes de Kolkata. É possível que, através de buscas mais aprofundadas na internet, eu tivesse conseguido eliminar alguns desses lugares logo de início ou pelo menos restringido a área de busca. Também poderia ter limitado minhas buscas a ferrovias situadas nas proximidades de uma pequena lista de cidades de nome semelhante a "Burhanpur", em vez do trabalho presunçoso de rastrear todas as rotas que saíam da estação de Howrah e que se encontrassem dentro de um perímetro calculado grosseiramente, ainda que a lógica por trás dos meus métodos fosse irresistível. Talvez assim Khandwa tivesse aparecido mais rapidamente, ou talvez não.

Mas não fiz nada desse jeito — fiz as coisas segundo o melhor método que consegui pensar na época. Não me arrependo de como as coisas acabaram acontecendo, com exceção da trágica morte do meu irmão. Fico admirado com as reviravoltas miraculosas na minha história — a visão de mamãe, que a fez querer adotar uma criança em outro país; o fato de a minha mãe indiana ter visto uma imagem de mim enquanto orava na véspera do nosso reencontro; e até mesmo a incrível coincidência de eu ter estudado em um bairro chamado Howrah. Às vezes, é difícil não imaginar a atuação de forças que me fogem à compreensão. Ainda que eu não sinta nenhum impulso de converter isso em alguma crença religiosa, sinto com clareza que, de um menino perdido e sem família até um homem com duas, tudo estava fadado a acontecer exatamente como aconteceu. E esse pensamento gera em mim um profundo sentimento de humildade.

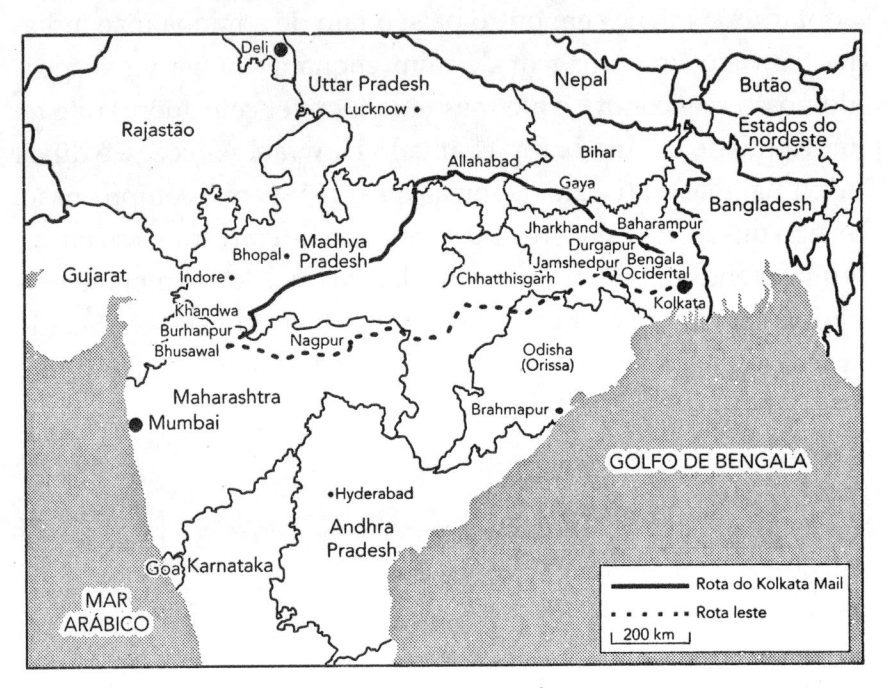

Minha jornada pela Índia

Essas são as duas rotas de trem mais prováveis de Burhanpur a Kolkata (presumindo-se uma única troca de trens ou talvez nenhuma), muito embora eu jamais vá saber ao certo qual rota tomei quando criança. Ninguém suspeitava que eu tivesse sido transportado para tão longe, e foi isso que arruinou todos os esforços no sentido de encontrar minha casa e minha família. Em 2012, viajei no Kolkata Mail, cruzando o país com muito mais conforto que da primeira vez.

AGRADECIMENTOS

Ofereço minha mais profunda gratidão a ambas as minhas famílias por me permitirem contar suas histórias e por terem me apoiado e ajudado de coração na produção deste livro. Também agradeço a Lisa por seu amor e por sua paciência ao longo do processo.

Devo muito a Saroj Sood por sua contribuição na minha vida, bem como por ter me ajudado com este livro, e também a Soumeta Medhora. Também gostaria de agradecer a Cheryl e Rochak pela ajuda que prestaram, e principalmente a Swarnima por despender tanto do seu tempo comigo, assim como por sua amizade.

Por fim, quero agradecer a Andrew Fraser, da Sunstar Entertainment, pelas orientações que me deu, a Larry Buttrose e a Ben Ball e Michael Nolan, da Penguin.

Este livro foi composto na tipologia Palatino LT Std,
em corpo 11,5/16,1, e impresso em papel off-white,
no Sistema Cameron da Divisão Gráfica
da Distribuidora Record.

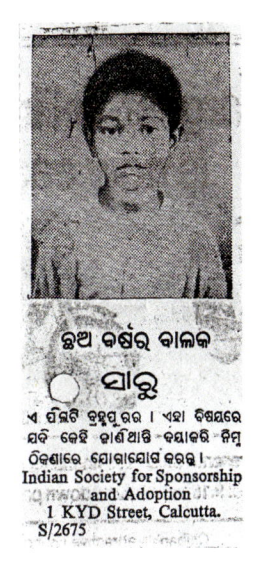

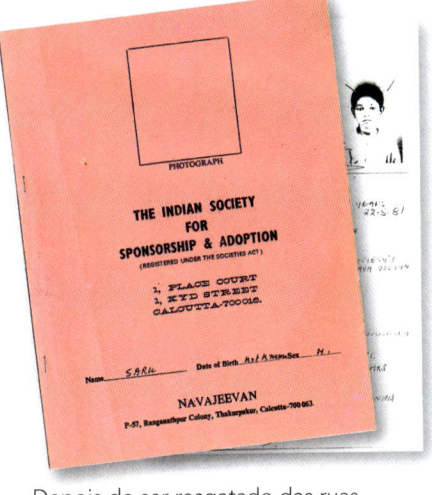

Depois de ser resgatado das ruas de Kolkata, em 1987, passei dois meses no orfanato Nava Jeevan, administrado pela Indian Society for Sponsorship and Adoption (ISSA) [Sociedade Indiana de Apadrinhamento e Adoção]. Sou o menino de camiseta vermelha (acima, à esquerda), e apareço com minha amiga Asra ao meu lado e outras crianças na varanda frontal do orfanato, fechada com grades (à esquerda). A ISSA publicou anúncios sobre mim no jornal (no alto, à direita), sem saber que eu tinha vindo de um lugar tão distante.

O álbum de fotos montado pelos meus novos pais que me mostraram no Nava Jeevan para que eu me familiarizasse com eles e com meu novo lar.

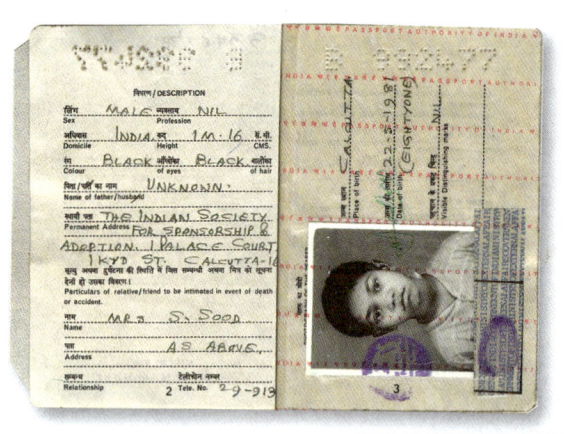

Usando um passaporte com a data de nascimento fictícia de 22 de maio de 1981, embarquei no avião para a Austrália na companhia de outras crianças adotadas e dos adultos responsáveis por nós, inclusive Saroj Sood, da ISSA, sentada comigo e com Asra no colo. Era a primeira vez que me hospedava em um hotel tão luxuoso e fiquei maravilhado.

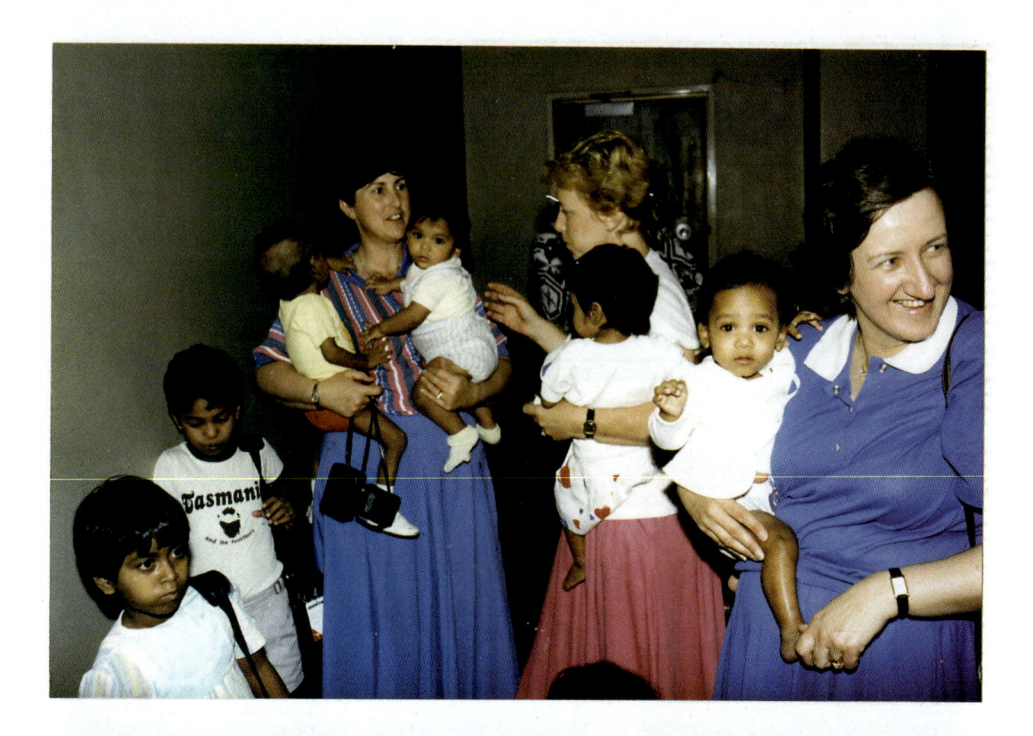

Desembarquei no Aeroporto de Tullamarine, em Melbourne, vestindo minha camisa da Tasmânia, e segui com as outras crianças e os acompanhantes até uma sala VIP, onde nossos novos pais esperavam por nós. Mamãe e papai me receberam e me deram de presente um livro e um coala de pelúcia. Na foto, ainda estou segurando o que sobrou da barra de chocolate recebida durante o voo — a primeira palavra que eu disse aos meus novos pais foi "Cadbury".

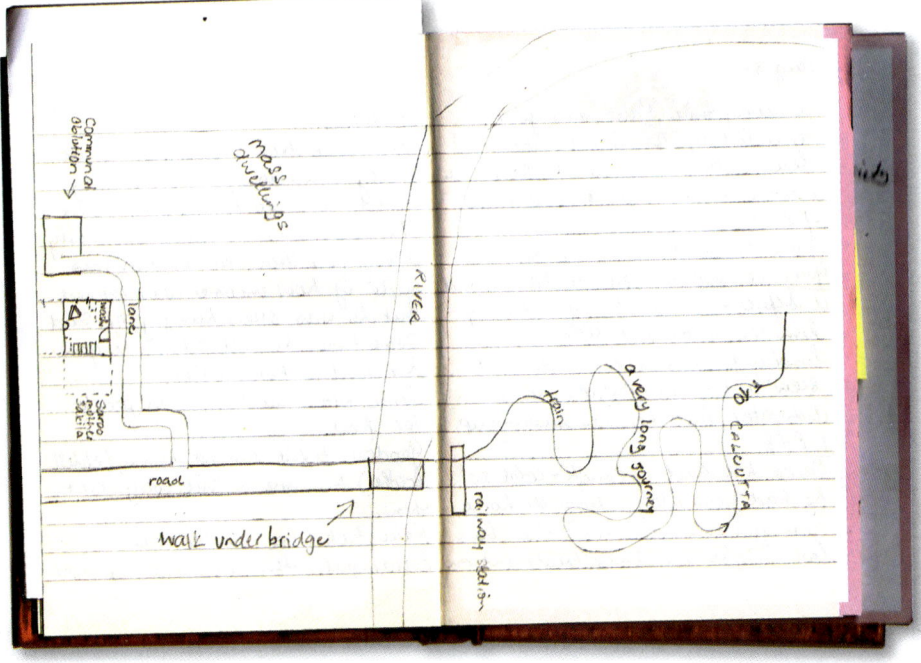

Os primeiros mapas da minha vida: o mapa da Índia preso à parede do meu quarto de infância (a foto é da época em que cheguei à Austrália) e o da cidade onde eu morava na Índia, que minha mãe desenhou comigo no seu caderno quando, aos 7 anos, contei a ela pela primeira vez a história de como havia me perdido.

Levei uma vida feliz em Hobart com minha nova família, à qual logo se juntou Mantosh, meu irmão mais novo, também adotado. Na foto acima, ele está sentado ao computador com minha amiga e companheira do Nava Jeevan, Asra, que de vez em quando vinha de Victoria nos visitar. Como tantos adolescentes, eu queria ser um astro de rock.

Eu não sabia o nome da cidade da minha infância. Mas, depois de muitos anos de busca no computador com o Google Earth, acabei fazendo estas incríveis descobertas: primeiro, a Estação Ferroviária de Burhanpur (acima) — com sua inesquecível caixa-d'água — onde acidentalmente embarquei no trem que me levou até o outro lado do país; depois, ferrovia acima, minha própria cidade, tão familiar (foto abaixo).

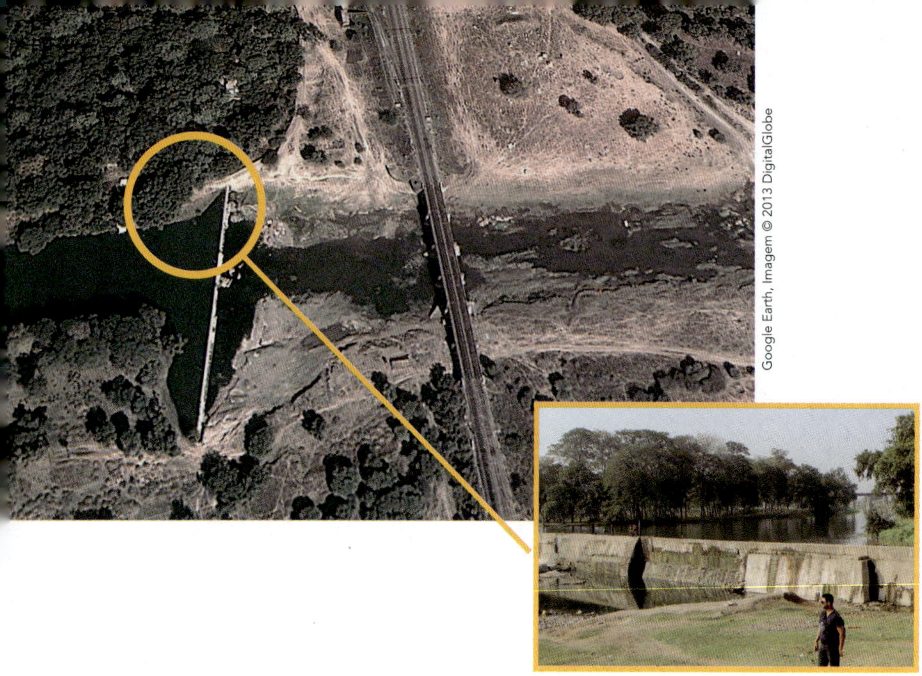

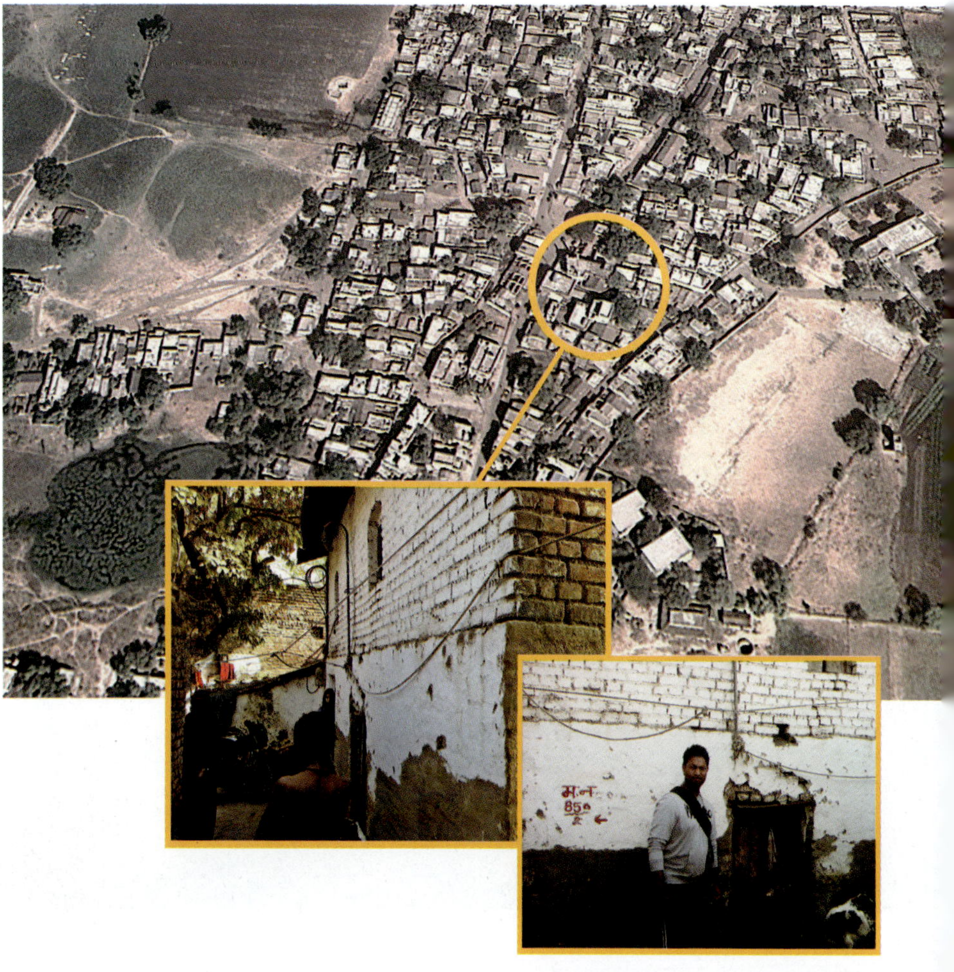

Google Earth, Imagem © 2013 DigitalGlobe

Da imagem de satélite das minhas buscas ao meu retorno à Índia para trilhar novamente os caminhos pelos quais passava na infância: a represa perto da ponte da ferrovia na extremidade sul da minha cidade (página anterior, acima); a fonte do parque, a passagem sob os trilhos e a estação ferroviária (nesta página); e a casa onde cresci, hoje abandonada, no bairro pobre da cidade (página anterior, abaixo). Atualmente, a porta é pequena demais para mim.

Depois de vinte e seis anos, eu e minha mãe, Kamla, nos encontramos em suas humildes instalações (página 8, última foto), do outro lado da esquina, muito perto de onde morávamos. Ela havia permanecido no bairro na esperança de que um dia eu voltasse.

Reencontrar minha família foi uma experiência maravilhosa. Meu irmão mais velho, Kallu, e minha irmã mais nova, Shekila, vieram de suas casas para me ver. Porém, eu descobriria que meu irmão mais velho, Guddu, não viria se encontrar conosco.

O vagão em que fiquei preso se parecia com o das fotos logo acima e da esquerda — apesar de que, naquele tempo, os bancos não eram acolchoados, mas de madeira. Jamais saberei ao certo que itinerário percorri através da Índia, de Burhanpur até Kolkata, mas refiz a viagem assim mesmo, como adulto, na primeira classe (foto no alto da página).

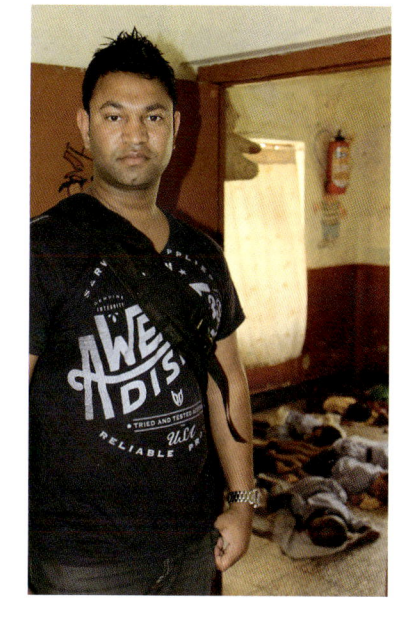

Em Kolkata, encontrei Saroj Sood (sentada no canto esquerdo) no mesmo prédio da ISSA em que trabalhava quando tratou da minha adoção vinte e cinco anos antes. Nas anotações da minha ficha na ISSA, lê-se: "Perguntamos a Saru se gostaria que procurássemos uma nova família para ele, ao que assentiu prontamente." No cômodo vizinho (foto acima, à direita), outros órfãos dormiam em colchonetes no chão.

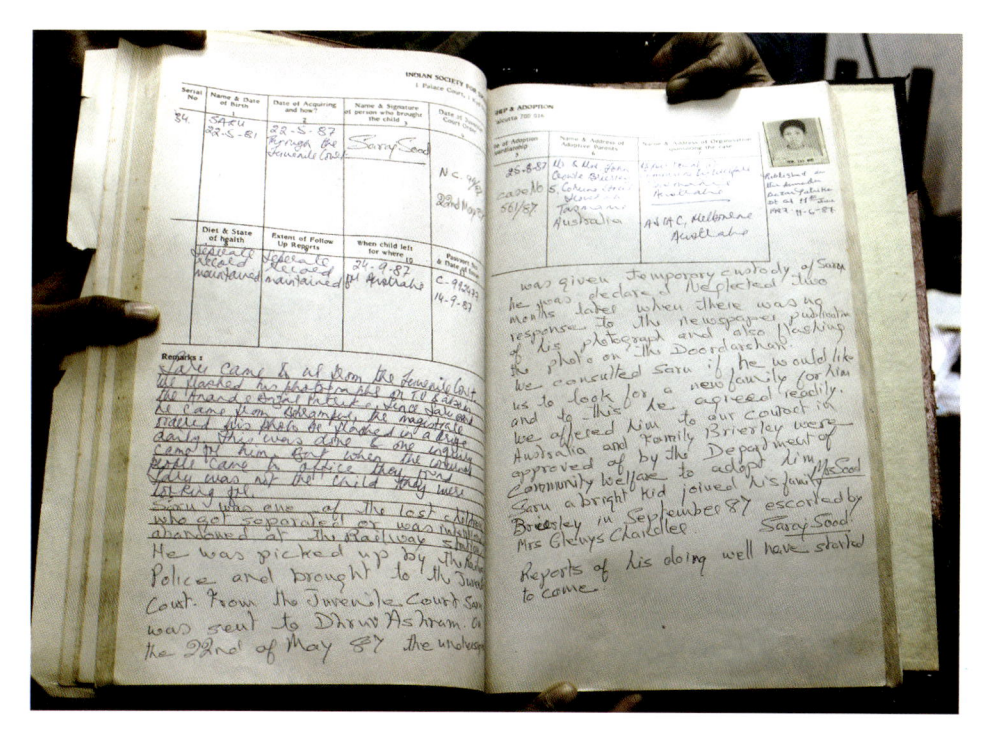

Foi bem fácil ver por que uma criança pequena passava despercebida na enorme e movimentada estação de Howrah (alto da página). Acima e à esquerda, pode-se ver a aparência intimidadora dos muros e do portão de ferro do lar infantojuvenil Liluah, para onde fui mandado logo depois de ser recolhido das ruas. Não me deixaram tirar fotos do interior do lugar, que agora é um lar exclusivo para mulheres e meninas.

Nas primeiras semanas que passei nas ruas, nunca me distanciava muito do inconfundível edifício vermelho da estação de Howrah, aqui visto da ponte de Howrah (alto da página). A ponte é uma estrutura imponente, que pairava acima de mim naqueles dias em que vivi nas imediações do rio Hooghly.

Minhas duas famílias, pelas quais me sinto duplamente abençoado. Foto de cima: Mamãe e papai (John e Sue Brierley) e meu irmão Mantosh. Foto de baixo: na fileira de trás, da esquerda para a direita, meu irmão Kallu e sua esposa Nasim, com a filha deles, Norin; minha mãe, Kamla, e minha irmã, Shekila. Na frente estão Ayan, filho de Shekila, e Shail e Sameer, filhos de Kallu.